AF281152

La legitimación democrática de ETA: causas, responsables y consecuencias

INFORME 04 | CEU-CEFAS

Enero de 2024

Coordinadora

María San Gil Noain
Directora del Observatorio CEU de Víctimas del Terrorismo

Autores

Carlos de Urquijo Valdivielso
Director de Proyectos de la Fundación Villacisneros

Rogelio Alonso Pascual
Catedrático de Ciencia Política en la Universidad Rey Juan Carlos

Fernando Lázaro Fernández
Periodista de EL MUNDO

© Todos los derechos reservados.

CEU-CEFAS tiene por objetivo la promoción de los principios inspiradores fundamentales de la Doctrina Social de la Iglesia en los ámbitos cultural y político, mediante la realización de cursos, congresos y publicaciones. CEU-CEFAS aspira a constituirse en un lugar de referencia y encuentro para debatir, reflexionar, formar, difundir e investigar en el ámbito de las ideas para mejorar la sociedad.

www.cefas.ceu.es

CEU-CEFAS
Calle Tutor, 35
28008 Madrid | España
Teléfono: (+34) 91 514 05 77
cefas@ceu.es

Depósito legal: M-1613-2024
ISBN: 978-84-19976-05-5
Maquetación: CEU Ediciones
Impresión: CEU Ediciones
Impreso en España

Publica: CEU Ediciones
Calle Julián Romea, 18
28003 Madrid | España
Teléfono: (+34) 91 514 05 73
ceuediciones@ceu.es

La Fundación Universitaria San Pablo CEU es una entidad inscrita en el Registro de Fundaciones con el nº 60 /
CIF (G-28423275).

Las opiniones expuestas en los trabajos publicados son de la responsabilidad exclusiva de sus autores.

Índice

Resumen ejecutivo

En las elecciones generales de julio de 2023, EH Bildu, el partido heredero de ETA que sigue sin condenar sus crímenes -"testaferros de ETA", según el Tribunal Supremo-, obtuvo 333.362 votos, muy por delante de la segunda fuerza política nacionalista vasca, el PNV, que recibió 275.782 votos. Por primera vez en democracia, un partido que ya estuvo ilegalizado -bajo otras denominaciones- por pertenecer a una organización terrorista, supera ampliamente en más de 55.000 votos al partido hegemónico en el País Vasco.

Este hecho, y su cada vez mayor protagonismo en la vida política española, lleva al Observatorio CEU de Víctimas del Terrorismo del Centro de Estudios, Formación y Análisis Social (CEFAS) a elaborar este informe, que trata de explicar cómo ha sido posible legitimar democráticamente una opción política basada en la violencia, la extorsión y la ruptura de la unidad de España. Este trabajo, en definitiva, pretende analizar cuáles han sido las causas, los responsables y las consecuencias del blanqueamiento de ETA y su proyecto político.

- La legitimación del brazo político de una organización terrorista de clara ideología totalitaria trae consigo, de manera implícita, la deslegitimación del sistema democrático que pretende descomponer. Esta estrategia ha sido compartida y articulada tanto por los representantes políticos de ETA -EH Bildu y sus múltiples marcas anteriores- como por el Partido Nacionalista Vasco, que tiene la grave responsabilidad histórica de haber sido el germen político del nacimiento de ETA.

- Tras el secuestro y asesinato del concejal del PP en Ermua, Miguel Ángel Blanco, el 10 de julio de 1997 se desata una ola de indignación popular contra ETA que desemboca en el denominado "espíritu de Ermua". Ante esta situación, el PNV ve peligrar su hegemonía y elige pactar con Herri Batasuna y el resto del mundo nacionalista en favor de la ruptura, con el fin de asegurar su supervivencia mediante la firma del "Pacto de Estella" (septiembre de 1998). Esta comunión separatista ha continuado legitimando a ETA en el tiempo, desde el pacto de Gobierno entre el PNV y HB de mayo de 1999 hasta la manifestación convocada conjuntamente por ambas formaciones el 4 de noviembre de 2003 contra el Tribunal Superior de Justicia en el País Vasco, por anular varios artículos de un decreto del Gobierno Vasco que priorizaba la exigencia y el uso del euskera, en detrimento del castellano, en las administraciones públicas vascas.

- En este sentido, conviene mencionar que la política antiterrorista impulsada por el Ejecutivo de Aznar fue clave para devolver a los españoles la confianza en la derrota de ETA sin pagar un precio político por ello: el "pacto por las libertades y contra el terrorismo" entre PP y PSOE (2000), una nueva ley de partidos (2002) que ilegalizó a las diferentes denominaciones del brazo político de ETA, el apoyo firme al trabajo de las Fuerzas y Cuerpos de Seguridad del Estado, la movilización social, y una constante y decidida labor desde el estamento judicial.

- El discurso maniqueo que defiende la falta de garantías democráticas para justificar el uso de la violencia fue clave en el proceso de negociación de ETA con el gobierno socialista de José Luis Rodríguez Zapatero. El modelo del final del terrorismo de este proceso contribuyó también a la deslegitimación de la democracia, al aceptar como interlocutores válidos a quienes justificaban el terrorismo. El PSOE no dejó solo al PNV en la legitimación del brazo político de ETA, quebrando primero la unidad de los partidos constitucionalistas y después traicionando el pacto con el PP, anteponiendo sus intereses partidistas a los intereses del Estado. Fue Zapatero quien devolvió a ETA a las instituciones, un precio político imprescindible para erigirse en el protagonista principal del final de la violencia y garantizar así su permanencia en el Ejecutivo.

- El "cese definitivo" de la actividad terrorista de ETA en 2011 puso de manifiesto las enormes diferencias existentes entre dos modelos antagónicos de lucha contra el terrorismo, uno basado en la negociación política con los terroristas -gobiernos de Rodríguez Zapatero-, y otro que confió en la aplicación del Estado de derecho para combatir al terror -gobiernos de José María Aznar-.

- Durante el gobierno de Mariano Rajoy, el Partido Popular renunció a articular una estrategia contra EH Bildu, la cual no iba más allá de manifestar su indignación a la hora de oponerse al proyecto político ilegitimo de los terroristas. Como destacó Mikel Azurmendi, el PP "no tuvo arrestos morales ni políticos para taponar esta vergonzosa relajación democrática cuando tuvo la mayoría absoluta".

- La anómala llegada de Pedro Sánchez al Gobierno de España consolidó y amplió la estrategia iniciada por Rodríguez Zapatero de legitimar políticamente a los herederos de ETA. Es más, no solo han pactado leyes y presupuestos a nivel nacional, sino que ahora, tras la investidura de noviembre de 2023, son socios imprescindibles del PSOE para gobernar el país.

- En la actualidad, PNV y EH Bildu se disputan la hegemonía política del País Vasco, tras condonarse al nacionalismo la deuda contraída por legitimar a ETA. Eximidos los criminales de la premisa básica que debió ser su inhabilitación permanente para la vida política y maquillada su sangrienta trayectoria, resulta lógico su fortalecimiento electoral.

- El problema no radica solo en la presencia de exterroristas en las listas de EH Bildu, sino en la de un partido que justifica sus crímenes, creando y trasmitiendo así una memoria que garantiza la impunidad del terrorismo nacionalista a una sociedad que asiste apática al triunfo de este engaño.

- Si primero fue la batalla del silencio y después la del lenguaje, ahora toca afrontar la batalla del relato, la cual debiéramos denominarla mejor como la batalla por la Verdad. Salvo contadas y honrosas excepciones, los medios de comunicación españoles han ofrecido una visión sesgada del fenómeno terrorista que, a la postre, ha resultado definitiva para imponer un relato interesado que ha normalizado la presencia del proyecto político de ETA en la sociedad. La corriente buenista imperante ha terminado por considerar que la participación del brazo político de los terroristas en nuestras instituciones es un triunfo de la democracia, cuando precisamente significa todo lo contrario: permitir su regreso a quienes consideran válido el recurso de la violencia para conseguir objetivos políticos, solo contribuye a una mayor degradación institucional y a rebajar la calidad de nuestra democracia.

- En definitiva, se ha terminado imponiendo un relato falsario que favorece el blanqueamiento del brazo político de ETA y nos aleja de la verdad que merecemos los españoles, tras cincuenta años de terrorismo nacionalista. El PSOE ha terminado asumiendo las necesidades del nacionalismo para evitar que los fines que compartieron con ETA, aunque en muchas ocasiones discreparan de sus medios, contaminen su futuro. Tan acertada ha sido la impostura que, como recordábamos al principio, la ETA política supera ya en votos al nacionalismo tradicional, haciendo peligrar su hegemonía. Desgraciadamente, ha terminado por confirmarse la tesis que vaticinó Joseba Arregui en 2019: "No solo es preciso hacer política como si ETA no existiera, sino como si ETA no hubiera existido".

Guía para entender el proceso de homologación democrática de la banda terrorista ETA

Carlos de Urquijo,
director de proyectos de la Fundación Villacisneros

El secuestro y asesinato de Miguel Ángel Blanco a manos de ETA provocó una indignación popular desconocida hasta entonces en la sociedad española. Este crimen obligó a todos los partidos políticos a reconsiderar su estrategia en relación con el fenómeno terrorista.

Hoy, veintiséis años después de aquel asesinato, algunos de los que lo cometieron se pasean ya, sin reproche social alguno, por las calles del País Vasco; otros, saldrán en breve de prisión.

Veintiséis años después, el PSOE, que aprobó la Ley de Partidos, que dijo que con ETA no había nada que negociar y que repitió hasta la saciedad que con EH-Bildu no había nada que pactar, los ha convertido en un partido de Estado y socio prioritario del Gobierno de España.

Veintiséis años después, el PNV, el partido que, cuando José Antonio Ardanza era *lehendakari,* al conocer la noticia del atentado contra Miguel Ángel Blanco calificó a Herri Batasuna como "verdugos del pueblo vasco" y "cómplices" de su secuestro y asesinato, sigue empeñado en normalizarlos. Al parecer, no fue suficiente haber sido los pioneros cuando, al año de aquel asesinato a cámara lenta, decidieron sentarse con el brazo político de ETA en Estella (Navarra) para firmar un vergonzoso pacto de unidad *abertzale* con los que colaboraron directamente en aquel crimen. Es más, conviene recordar que fue el concejal de Herri Batasuna en Eibar, Ibon Muñoa -condenado posteriormente a treinta y tres años de prisión-, el que facilitó la infraestructura necesaria a los terroristas para el secuestro de Miguel Ángel Blanco.

Frente a tanto despropósito conviene recordar, por tanto, quiénes y por qué alteraron el final que ETA merecía, así como las consecuencias de su traición a las víctimas del terrorismo, a la democracia española y a nuestro Estado de derecho. Lo haremos a través de un repaso cronológico que irá señalando los hitos principales que, a modo de guía, permitirán recorrer hasta hoy el proceso de homologación democrática de la banda terrorista, calificada así porque fue el Tribunal Supremo quien dijo que Herri Batasuna, Euskal Herritarrok y Batasuna formaban parte de ETA. Y volvió a repetirlo años después con respecto a su nueva marca electoral, EH-Bildu.

Cronología de una traición

10 de julio de 1997, secuestro y asesinato de Miguel Ángel Blanco

Como decíamos unas líneas atrás, la conmoción social originada por el asesinato a cámara lenta del concejal del Partido Popular Miguel Ángel Blanco por parte de ETA obliga a las fuerzas políticas a resituarse en el combate contra los terroristas. En el caso del PP y el PSOE, a pensar el mejor modo de articular todos los mecanismos del Estado de derecho para dejar fuera de la democracia a quienes la utilizaban para acabar con ella. En el caso del PNV, ante el temor de que la ola de indignación frente a ETA se extendiera al conjunto del nacionalismo y les afectara electoralmente, a buscar la unidad de acción con el brazo político de ETA, expulsando de la vida política vasca a los partidos constitucionalistas.

12 de septiembre de 1998, el "Pacto de Estella"

Con la firma de este pacto, el PNV se convierte en el primer "avalista" de Herri Batasuna como partido democrático. Legitima la interlocución del brazo político de ETA, acepta su terminología y su visión del terrorismo como consecuencia lógica de un conflicto político entre los vascos y el Estado español. Asume también la internacionalización del "conflicto", buscando semejanzas con la actuación terrorista del IRA. Su final no será, por tanto, consecuencia de la acción del Estado de derecho sino, como se dice en el texto del acuerdo del "proceso de negociación y resolución", "debe ser global, en el sentido de abordar y dar respuestas a todas las cuestiones que constituyen el conflicto".

El PNV elige ser nacionalista antes que demócrata. El miedo a las consecuencias electorales del denominado "Espíritu de Ermua" que desencadena el asesinato de Miguel Ángel Blanco, le lleva a buscar el cobijo *abertzale*, apostando por la unidad de acción de los nacionalistas frente a los partidos que consideraban enemigos del pueblo vasco al que, al parecer, solo ellos representaban.

16 de septiembre de 1998, la tregua de ETA

ETA acuerda una tregua en su actividad terrorista, acreditada posteriormente como lo que realmente fue: una tregua-trampa. La pista de aterrizaje construida a tal fin en Estella por PNV y Herri Batasuna tenía un doble objetivo. Por un lado, permitir a la banda, acosada policialmente y desprestigiada socialmente, tomar aire, para que se rehiciera, se rearmara y fijara nuevos objetivos. Por otro, para iniciar la colaboración política entre los nacionalistas en la legislatura que comenzaba tras las elecciones autonómicas vascas del 25 de octubre de 1998.

29 de diciembre de 1998, investidura de Juan José Ibarretxe

El resultado de las elecciones autonómicas vascas, celebradas el 25 de octubre de 1998, arroja un resultado que acelera la unidad de acción del separatismo. Los 30 escaños de la suma del PP y PSE (16 y 14 escaños, respectivamente), frente a los 29 que consiguen los 21 del PNV, 6 de EA y 2 de IU, hacen que los votos de Euskal Herritarrok sean determinantes. Llega el momento de hacer efectivo el "pacto de Estella" mediante la colaboración nacionalista con el brazo político de ETA. El 29 de diciembre de 1998, Juan José Ibarretxe, candidato del PNV, resulta investido *lehendakari* por mayoría absoluta gracias a los 14 votos de los parlamentarios de la formación *abertzale*.

18 de mayo de 1999, pacto de legislatura PNV-Euskal Herritarrok

Continúa la homologación democrática del brazo político de ETA. Apenas cinco meses después de la investidura de Ibarretxe, el PNV firma un pacto de legislatura con EH que Iñaki Anasagasti, entonces portavoz del PNV en el Congreso de los Diputados, califica de "salto histórico" -así podemos considerarlo por el nivel de traición a la democracia y a las víctimas del terrorismo-.

El preámbulo del acuerdo dice que las formaciones que lo suscriben utilizarán únicamente "métodos estrictamente democráticos". Pues bien, el 21 de enero de 2000 ETA asesina en Madrid al teniente coronel Pedro Antonio Blanco; el acuerdo simplemente se suspende. Solo un día después del asesinato de Fernando Buesa en Vitoria, portavoz del PSE en el Parlamento Vasco (22 de febrero de 1999), es cuando el PNV anuncia a regañadientes la ruptura del acuerdo.

12 de marzo de 2000, elecciones generales

El 12 de marzo se celebran elecciones generales que otorgan al Partido Popular mayoría absoluta con 183 escaños. José María Aznar, ya con las manos libres, entiende que ha llegado el momento de un cambio de rumbo en la lucha contra ETA. El PSOE, si bien de forma taimada, considera que también debe hacerlo si aspira a volver de nuevo al Palacio de La Moncloa. Será el comienzo de la normalización de ETA de la mano, no ya de los nacionalistas, sino del partido socialista. La clave será la llegada de José Luis Rodríguez Zapatero a la Secretaría General del PSOE y su victoria en las elecciones generales posteriores.

22 de julio de 2000. Rodríguez Zapatero, nuevo secretario general del PSOE

No podría entenderse la situación actual de EH-Bildu sin una fecha determinante, la del 22 de julio de 2000. Ese día, Rodríguez Zapatero resulta elegido secretario general del PSOE y decide que, para que su partido recupere el gobierno, sus alianzas deberán ser con la izquierda, con cualquiera de ellas, da igual su naturaleza. Por eso, mientras reclama al gobierno del PP una ley de partidos, ordena a sus peones en el País Vasco iniciar un diálogo con el brazo político de ETA para conseguir un "final dialogado" del terrorismo. Su aversión a la derecha, su revanchismo guerracivilista y su vanidad por pasar a la historia como el hombre que consiguió el final de ETA, marcarán sus años al frente de su partido y del gobierno de España.

Enero de 2002, los socialistas inician conversaciones con el brazo político de ETA

A comienzos del año 2002, mientras se reclamaba al PP la necesidad de una nueva ley de partidos, Zapatero encarga a Jesús Eguiguren, secretario general de los socialistas guipuzcoanos, el inicio de conversaciones con Arnaldo Otegi, secretario general de Euskal Herritarrok, para lograr el final de ETA mediante la negociación política al margen del Estado de derecho. Desde entonces y durante varios años, en el caserío "Txillarre" de Elgoibar, se celebran múltiples reuniones entre ellos para facilitar una tregua de la banda que permita un final pactado del terrorismo mediante un giro copernicano de la estrategia del PSOE. Estos contactos iniciales, con la autorización de la cúpula del partido socialista, continúan posteriormente, de nuevo con la interlocución de Eguiguren, con miembros de la banda terrorista en Ginebra y Oslo.

28 de junio de 2002, se aprueba la "Ley de Partidos"

El Boletín Oficial del Estado publica el 28 de junio el texto de la Ley de Partidos Políticos, pactada entre el Partido Popular y el PSOE. En sus trece artículos se establecen las condiciones que deben reunir los partidos que pretendan hacer política en la democracia española. Por primera vez, desde la aprobación de la Constitución de 1978, se decide que la política no puede complementar la acción de una banda terrorista y que los que decidan hacerlo quedarán al margen de la ley.

4 de agosto de 2002, atentado en la casa cuartel de Santa Pola

La casa cuartel de la Guardia Civil en Santa Pola (Alicante) sufre un atentado mediante un coche bomba cargado con cincuenta kilos de explosivo y metralla. A consecuencia de la explosión resultan asesinados la niña de seis años Silvia Martínez y Cecilio Gallego, que se encontraba en las inmediaciones.

26 de agosto de 2002, suspensión de la actividad de Batasuna.

El atentado de Santa Pola no es condenado por el brazo político de ETA y el magistrado de la Audiencia Nacional, Baltasar Garzón, entiende que se dan las circunstancias para dictar un auto de suspensión de las actividades de Batasuna.

30 de agosto de 2002, el Consejo de Ministros insta a la ilegalización de Batasuna

Cumpliendo el mandato de la resolución aprobada, el 26 de agosto, en el Congreso de los Diputados y también a iniciativa propia, el Gobierno ordena a la Abogacía del Estado iniciar los trámites para la ilegalización de Herri Batasuna, Euskal Herritarrok y Batasuna ante la Sala Especial del Tribunal Supremo.

27 de marzo de 2003, ilegalización de HB, EH y Batasuna

La sala Especial del Tribunal Supremo decreta la ilegalización de Herri Batasuna, Euskal Herritarrok y Batasuna, al acreditar que estos partidos forman parte de la banda terrorista ETA, que es quien diseña su estrategia.

4 de enero de 2004, acuerdo de ERC con ETA en Perpiñán

Como colofón de las conversaciones mantenidas en 2001 y 2002 por Arnaldo Otegi y Joseba Álvarez con Josep Lluís Carod-Rovira, consejero primero de la Generalidad de Cataluña, el 4 de enero de 2004 se celebra en Perpiñán (Francia) una entrevista con los terroristas Josu Ternera y Mikel Antza. En ella se acuerda que la banda terrorista ETA no atentará en Cataluña a cambio de que ERC avance en la defensa del derecho de autodeterminación, contribuyendo de paso, a legitimar al brazo político de ETA.

De esta entrevista fue informado José Luis Rodríguez Zapatero nada más llegar a La Moncloa, tras las elecciones del 14 de marzo, por el propio Carod-Rovira. Se acredita de nuevo que el separatismo vasco y el catalán se ceden el testigo en una carrera de relevos cuya meta es la ruptura de España. El 18 de febrero de 2004 ETA anuncia en un comunicado la "suspensión de sus acciones armadas en Cataluña" con el deseo de "unir los lazos entre el pueblo vasco y el catalán, en base a los principios de respeto, no injerencia y solidaridad".

14 de marzo de 2004. Rodríguez Zapatero, nuevo presidente del Gobierno

Tras el triunfo del PSOE en las elecciones generales, es investido presidente José Luis Rodríguez Zapatero que, ahora ya desde el Gobierno, puede completar la estrategia iniciada con las conversaciones de "Txillarre". Zapatero, en busca del aval que justifique la negociación ya emprendida con la banda, embarcará al Congreso en la aprobación de una resolución política que justifique su traición al Estado de derecho, facilitando, entre otras cosas, la vuelta a las instituciones de las formaciones ilegalizadas. Continúa así la normalización democrática de la banda, porque, como acreditó el Tribunal Supremo en 2003, las marcas ilegalizadas formaban parte de ella.

17 de abril de 2005, ETA regresa a las instituciones

El 17 de abril de 2005 se celebran elecciones al parlamento vasco. Es la primera ocasión para que el Gobierno pruebe ante ETA su intención de ir cumpliendo los acuerdos alcanzados en las conversaciones iniciadas en "Txillarre". Toca devolver a la legalidad a las fuerzas ilegalizadas.

Aparece en escena, de la noche a la mañana, un desconocido partido político denominado Partido Comunista de las Tierras Vascas (PCTV), que se convierte en el contenedor de las formaciones ilegalizadas por el Tribunal Supremo. A pesar de resultar evidente que detrás del mismo está ETA y pese a las peticiones del Partido Popular para que se impida la presentación de sus candidaturas y se inste a su ilegalización, el Gobierno tolera su participación. De hecho, la propia vicepresidenta Mª Teresa Fernández de la Vega afirma que no ve indicios para instar la ilegalización. Curiosamente, cuando para evitar riesgos a sus verdaderos promotores les interesa poner en juego otra marca -Acción Nacionalista Vasca- entonces sí, el mismo gobierno que no veía razones para su ilegalización, la insta en 2008. El daño estaba hecho, el PCTV había obtenido nueve escaños en el Parlamento Vasco.

17 de mayo de 2005. Luz verde a la negociación con ETA

El Congreso de los Diputados, a instancias del grupo parlamentario socialista, aprueba una moción por la que autoriza al Gobierno a iniciar conversaciones con ETA, *"si se producen las condiciones adecuadas para un final dialogado de la violencia, fundamentadas en una clara voluntad para poner fin a la misma y en actitudes inequívocas que puedan conducir a esa convicción"*.

22 de marzo de 2006, nueva tregua de ETA

ETA declara un alto el fuego permanente como resultado de las conversaciones iniciadas en "Txillarre" por Eguiguren y Otegi y de la negociación, auspiciada por la Fundación Henry Dunant, entre el líder de los socialistas guipuzcoanos y el miembro de la banda terrorista José Antonio Urrutikoetxea (Josu *Ternera*), desarrollada en Ginebra y Oslo. Este alto el fuego debía allanar el camino de la negociación política entre ETA y el Gobierno.

29 de junio de 2006, Zapatero inicia el diálogo con ETA

El presidente del Gobierno, en una declaración institucional realizada en el vestíbulo del Congreso de los Diputados, recuerda la autorización recibida en esta misma sede en 2005 y afirma que "la democracia no va a pagar ningún precio político por la paz". Al parecer, su frágil memoria le impide recordar que catorce meses antes había contribuido a la normalización política de ETA, permitiendo su regreso a las instituciones con la presencia del PCTV en el Parlamento Vasco tras las elecciones del 17 de abril de 2005.

A esta declaración le siguieron las conocidas como "conversaciones de Loyola" -por celebrarse en Azpeitia-, casa matriz de la Compañía de Jesús. Allí, durante los meses de septiembre y octubre, representantes del PSE, de la ilegal Batasuna y del PNV, intentan elaborar un texto que trasladar al Gobierno para pagar un precio político a cambio de que la banda terrorista abandone su actividad criminal. Intento baldío, pues ETA ya había decidido que no necesitaba intermediaros y la voz cantante la llevarían ellos. Bien pronto lo harían saber, primero con el robo 350 pistolas (24 de octubre) en una empresa mayorista de armas en Vauvert (Francia) y después con la ruptura de la tregua en Madrid.

30 de diciembre de 2006, atentado en la T-4 del aeropuerto de Madrid

La mañana del 30 de diciembre ETA coloca un coche-bomba con aproximadamente 500 kilos de explosivos en el aparcamiento de la T-4 del aeropuerto de Barajas. Carlos Alonso Palate y Diego Armando Estacio resultan asesinados como consecuencia de la explosión. El presidente Rodríguez Zapatero, que anuncia esa misma noche la suspensión del diálogo con ETA, se permite calificar de "accidente" el atentado, con el objetivo de no molestar a la banda y poder seguir negociando, tal y como se demostró después con otras decisiones políticas.

27 de mayo de 2007, llega el turno de ANV en los ayuntamientos

A pesar de la vuelta de ETA a la actividad terrorista, el Gobierno de Rodríguez Zapatero sigue buscando el final de la banda mediante la negociación política. Por segunda vez toca normalizar la participación del brazo político de ETA en las instituciones. Llegan las elecciones municipales y, ante la solidez y profusión de las evidencias policiales que acreditan que el PCTV no es sino un vulgar caballo de Troya de las organizaciones ilegalizadas, se da un paso más para asegurar su sustitución por otra formación política, ahora en los ayuntamientos.

Como señalábamos anteriormente, ante la fortaleza de las pruebas de la conexión entre el PCTV y ETA, el brazo político de ETA y el Gobierno diseñan una nueva estrategia para asegurar su continuidad en las instituciones. Pactan ahora que el Gobierno pueda aparentar cierta fortaleza en defensa de la ley sin causarles perjuicio en sus resultados. Para ello se recupera el envoltorio de un viejo partido surgido antes de la guerra civil, Acción Nacionalista Vasca. Se adopta la sonrojante decisión de recurrir las candidaturas de aquellos municipios en los que la presencia de las fuerzas ilegalizadas es irrelevante. En las de aquellos en las que pueden obtener las alcaldías o, al menos, una nutrida representación, se permite su presentación. Como ocurrirá también con el PCTV, las aplastantes evidencias llevarán a que, una vez instalados de nuevo en el poder municipal, se inste el procedimiento de ilegalización de esta formación política, que llegará en 2008.

22 de mayo de 2011. La homologación definitiva llega con EH Bildu

En 2011, José Luis Rodríguez Zapatero está electoralmente abrasado. La brutal crisis económica y sus políticas excluyentes y revanchistas empiezan a pasarle factura, con lo que fía su continuidad en el Gobierno a conseguir pasar a la historia como el hombre que puso fin a la trayectoria criminal de ETA.

Con Acción Nacionalista Vasca ilegalizada, hay que buscar otra marca para la ETA política de cara a las elecciones municipales que se celebran el 22 de mayo. Aparece ahora en escena Bildu, una formación que liderará Arnaldo Otegi, acompañada, a modo de comparsas que le den cierta pátina de legalidad, de los restos de Eusko Alkartasuna y una parte de Ezker Batua, la Izquierda Unida del País Vasco, bajo la denominación de "Alternatiba".

Ahora la jugada es todavía más elaborada y perniciosa para el Estado de derecho, puesto que el Gobierno prepara la intervención del Tribunal Constitucional. El 1 de mayo, el Tribunal Supremo, a instancias de la Abogacía del Estado y por orden del Gobierno, declara que las candidaturas de Bildu son una sucesión de los partidos ilegalizados en 2003 y anula su participación en las elecciones municipales. Acto seguido, Bildu presenta recurso de amparo ante el Tribunal Constitucional y, el 4 de mayo, por seis votos a cinco y en una decisión cargada obviamente de impulso político, permite su presentación. Meses después, en las elecciones generales de noviembre de ese mismo año, concurrirán con la denominación de Amaiur y, a partir de 2012, con la actual de EH Bildu.

20 de octubre de 2011, ETA anuncia el fin de su "actividad armada"

Tres días después de la celebración de una pomposa "conferencia internacional de paz" celebrada en el palacio de Aiete de San Sebastián, ETA cumple su acuerdo con el Gobierno de Rodríguez Zapatero y anuncia públicamente el final de su actividad terrorista. La situación política era tan insostenible para Zapatero que ni siquiera una noticia como esta, hecha pública justo un mes antes de la celebración de las elecciones generales, ayuda a evitar la derrota del PSOE.

20 de noviembre de 2011. Mariano Rajoy, nuevo presidente del Gobierno

Durante los seis años y medio de los gobiernos de Mariano Rajoy -la primera legislatura con mayoría absoluta- la acción del Estado de derecho en relación con la ETA blanqueada no sufre cambio alguno. Las esperanzas depositadas en el PP por muchos españoles se ven defraudadas al no revertirse la situación. EH Bildu no jugará un papel relevante como ocurrirá tiempo después, pero se asienta como una opción política convencional. La desaparición de los asesinatos había logrado que esta cuestión pasara a un segundo plano de la agenda política, más aún tras el comunicado de la banda terrorista, hecho púbico el 3 de mayo de 2018, anunciando su disolución.

1 de junio de 2018, moción de censura. Pedro Sánchez, presidente

Con el triunfo de la moción de censura contra Rajoy, apoyada por EH Bildu al igual que el resto de las opciones políticas que buscan la disolución de España, comienza el segundo ciclo de normalización del brazo político de ETA. A pesar de todas las promesas de no llegar a ningún tipo de acuerdo con EH Bildu -"con Bildu no vamos a pactar, si quiere se lo digo cinco veces o veinte durante la entrevista, con Bildu no vamos a pactar; con Bildu, se lo repito, no vamos a pactar, si quiere se lo repito otra vez", Pedro Sánchez *dixit*-, los pactos llegan. Y no solo para la gobernación de España, sino para la de la Comunidad Foral de Navarra.

28 de abril de 2019, convocatoria de elecciones generales

Tras ser rechazados en febrero los primeros presupuestos generales del Estado presentados por Pedro Sánchez, el presidente decide convocar elecciones generales para el 28 de abril. A pesar de ganarlas el PSOE, Pedro Sánchez no consigue los apoyos necesarios para su investidura y, transcurrido el plazo señalado en la Constitución, se celebran nuevos comicios el 10 de noviembre.

7 de enero de 2020, investidura de Pedro Sánchez. EH Bildu se convierte en partido de Estado

Tras las elecciones del 10 de noviembre de 2019, Pedro Sánchez es investido de nuevo presidente del Gobierno. La abstención de EH-Bildu y ERC fuerza una segunda votación en la que resulta elegido por mayoría simple. Consciente de las dificultades para mantenerse en La Moncloa, Sánchez decide continuar, como discípulo aventajado de Rodríguez Zapatero, el trabajo iniciado en la moción de censura que le llevó al poder en 2018. Para asegurar su estabilidad convierte a EH Bildu en socio estable de su Gobierno. Desde entonces, el brazo político de ETA es blanqueado cada día no solo en el Congreso de los Diputados, sino en todos los medios de comunicación públicos y en aquellos afines al PSOE o controlados por el Ejecutivo.

Aunque es cierto que el PSOE y el Gobierno cada vez se esfuerzan menos, porque apenas lo necesitan, en desmentir su traición al Estado de derecho con la homologación democrática de Bildu, señalaremos algunas de las actuaciones que confirman su comportamiento:

- 13 de mayo de 2020. El Gobierno pacta, entre otros con EH Bildu, la convalidación del decreto que declara primer Estado de Alarma como consecuencia de la pandemia derivada del COVID-19.

- 29 de octubre de 2020. Convalidación del segundo Estado de Alarma con los votos de EH Bildu.

- 3 de febrero de 2022. EH Bildu ratifica la derogación de la reforma laboral que previamente había firmado con el PSOE el 21 de mayo de 2020.

- 24 de noviembre de 2022. El Gobierno pacta con EH Bildu la aprobación de los Presupuestos Generales del Estado para 2023 a cambio de que la Guardia Civil abandone de facto Navarra, cediendo las competencias de tráfico a la policía foral. Pacta igualmente la creación de un centro memorial para las víctimas de los sucesos acontecidos el 3 de marzo de 1976 en Vitoria.

- 28 de junio de 2022. El Gobierno pacta con EH Bildu, sin escrúpulo alguno, su voto favorable a la Ley de Memoria Democrática a cambio de extender su vigencia hasta 1983, poniendo en cuestión no solo los gobiernos de la Transición, sino el primero del socialista Felipe González. Por supuesto nada se dice en la ley de la vanguardia terrorista de esta formación política.

- 26 de noviembre de 2022. El Gobierno pacta con EH Bildu la aprobación de la Ley Orgánica de Garantía Integral de la Libertad Sexual, más conocida como la ley del "solo sí es sí".

- 27 de abril de 2023. El Gobierno pacta con EH Bildu la Ley de Vivienda.

A lo anterior hay que sumar, especialmente tras la transferencia de la competencia de prisiones al Gobierno Vasco en julio de 2021, el traslado, a lo largo de toda la legislatura y atendiendo a la petición de EH Bildu, de todos los presos de la organización terrorista ETA a cárceles del País Vasco. Acercamientos que terminan el 24 de marzo de 2023, con el traslado de los últimos cinco reclusos de ETA a prisiones vascas, dando así por finalizada la política de dispersión puesta en marcha por el propio partido socialista en 1989.

Este es el balance del presidente del Gobierno que afirmó que jamás pactaría con Bildu. Un balance que acredita no solo sus pactos con aquellos que el Tribunal Supremo ilegalizó por ser un instrumento de una banda terrorista, sino su voluntad de contribuir a finalizar el proceso de normalización democrática iniciado por Rodríguez Zapatero. Desgraciadamente, el odio a la derecha, el afán de revancha y la vanidad de Zapatero, unidos a la desmedida ambición de poder y la falta de escrúpulos de Sánchez, han logrado el objetivo que se marcaron: convertir al instrumento político de una banda terrorista en un partido democrático convencional.

En definitiva, siendo absolutamente conscientes de sus decisiones, Zapatero y Sánchez, y con ellos el PSOE, han otorgado aval democrático a quienes dieron apoyo y cobijo a los autores de 856 asesinatos, a los que señalaban los objetivos de la banda y a quienes celebraron todos y cada uno de los atentados terroristas con los que ETA sembró España de cadáveres. Esta homologación democrática es el legado de su traición a los españoles.

Bildu y la legitimación del terrorismo nacionalista: causas y consecuencias

Rogelio Alonso,
Catedrático de Ciencia Política en la Universidad Rey Juan Carlos

Introducción

El 18 de septiembre de 2023 el diario *El Mundo* publicaba un sondeo elaborado por Sigma Dos en el que se ratificaba el aumento de votos de EH Bildu frente al PNV apreciado ya en elecciones previas. El estudio confirmaba la expectativa de que en las elecciones autonómicas Arnaldo Otegi pudiera llegar a ser *lehendakari* con el apoyo del PSOE. El periódico editorializó así sobre semejante escenario:

> *"La posible victoria de la izquierda abertzale supone una muestra de que la pedagogía democrática ha fallado tras casi medio siglo de terrorismo. Bildu procede de ETA y defiende su legado. Su proyecto político es tan totalitario como aquel por el que la banda asesinó a más de 800 personas: una sociedad excluyente y antiliberal, la antítesis del progreso".*

EH Bildu, el partido que no condena los crímenes de ETA y que ha sido definido por el Tribunal Supremo como "testaferro de ETA" y "parte de la estrategia" de la organización terrorista nacionalista,[1] es, tras las elecciones de mayo de 2023, la primera fuerza municipal en el País Vasco. Los lobistas de ETA cuentan con 1050 concejales y controlan 107 ayuntamientos. Además, en las elecciones generales de julio de ese mismo año obtuvieron 6 escaños en el Congreso de los Diputados, superando los cinco del PNV.

El referido sondeo corrobora otros previos en los que Arnaldo Otegi, ahora dirigente de Bildu y durante años de ETA, resultaba mejor valorado que el líder del Partido Popular vasco. ¿Por qué se confía en quienes enaltecen la violación de los derechos humanos y no en quienes la sufrieron? En las próximas páginas se

---

1   Sentencia del Tribunal Supremo, Sala Especial, art. 61 L.O.P.J., Recurso contencioso-electorales 2/2011 y 4/2011, Agrupaciones electores, 1 de mayo de 2011, pp. 112 y 116.

analizarán y desarrollarán los factores que permiten responder a esta pregunta explicando los motivos de la legitimación política y social que numerosos actores, incluidos los medios de comunicación, les han brindado a los representantes políticos de ETA.

El terrorismo como conflicto de legitimidades

Como el profesor Ehud Sprinzak analizó, el terrorismo es el resultado de un gradual proceso de deslegitimación.[2] La crisis de confianza, el conflicto de legitimidad y la crisis de legitimidad son estadios que preceden y se mantienen con las campañas de grupos terroristas diversos. El terrorismo necesita una "ideología de deslegitimación y de ruptura con el orden político establecido".[3] Esa era la función de Batasuna. El predecesor de EH Bildu era un instrumento esencial de la estrategia terrorista que exponía las contradicciones de una democracia que sufría la violencia de un movimiento integrado por ETA y su brazo político. Los informes de inteligencia demostraban la necesidad de perseguir policial y judicialmente al entramado de asociaciones que, a las órdenes de ETA y con una doble militancia, sostenían la campaña criminal. ETA constituía la "vanguardia" o "núcleo político-militar" del conjunto de organizaciones que libraban "luchas" complementarias en un sistema de "desdoblamiento".[4]

Batasuna no era "una organización que, además de defender ciertas ideas, se niega a condenar los atentados de ETA; sino una organización cuya principal misión consiste en no condenar, es decir, aceptar como necesarios o inevitables los crímenes de ETA".[5] Bildu, partido heredero de Batasuna, mantiene esa misión. La ideología de deslegitimación del sistema democrático ha sido compartida y articulada tanto por los representantes políticos de ETA, antes Batasuna y ahora Bildu, como por el PNV. Por ello el diario *El País* afirmaba en 2002: "Si, pese a su debilidad, resulta difícil vencer políticamente a ETA es porque hay personas y partidos de tradición democrática que utilizan irresponsablemente argumentos que parecen copiados de los comunicados de esa organización terrorista".[6]

En esa línea el PNV contribuyó con frecuencia a reforzar la ideología de la deslegitimación del sistema democrático en la que se sustentaba el terrorismo etarra, como denunció Aurelio Arteta al firmar el PNV en 1999 un pacto de legislatura con el brazo político de ETA para gobernar la Comunidad Autónoma Vasca:

> *"Hasta un ciego advierte que su alianza con EH ennoblece a los bárbaros, porque ampara sus primitivas ideas y torpes propósitos, pero ensucia al resto de nacionalistas y nos hunde a todos. [...] Lo que sé, como cualquiera, es que no hay Gobierno capaz de obtener legitimación mientras la gente perciba que gobierna con la anuencia o el permiso de los asesinos. [...] Lo que hoy tenemos es el cínico poder de los que amenazan sobre la impotencia inerme de los amenazados".[7]*

---

2   Ehud Sprinzak (1991), "The process of delegitimization: towards a linkage theory of political terrorism", *Terrorism and Political Violence*, 3: 1, pp. 51-58.

3   Ibid.

4   Rogelio Alonso (2018), *La derrota del vencedor. La política antiterrorista del final de ETA*. Madrid: Alianza, pp. 114-115.

5   Patxo Unzueta, "Fatiga de los metales", p. 496, en VV. AA. (1997), *Ermua, cuatro días de julio*. Madrid: El País Aguilar, pp. 491-510.

6   Editorial, "Autorretrato de ETA", *El País*, 22/06/2002.

7   Aurelio Arteta, "Jaque mate", *El País*, 27/06/2000.

El terrorismo nacionalista adquirió legitimidad en una parte de la sociedad como resultado de las falsedades reproducidas por el nacionalismo, aduciendo la ausencia de una verdadera democracia en España. Como argumentó Soroa:

> *"Por eso es por lo que deslegitimar la democracia española y deslegitimar el terrorismo son una especie de vasos comunicantes, en los cuales a más de uno menos de otro: si legitimamos la democracia española, estaremos deslegitimando el terrorismo. Y viceversa: cuanto más se persista en el discurso de que la democracia española es una democracia defectuosa o insuficiente, más estaremos en el fondo dando pie a entender, comprender y explicar por qué ha existido y por qué sigue existiendo un terrorismo activo que lucha por un escenario más democrático".[8]*

Este tipo de discurso que alega unos déficits democráticos para justificar la utilización de la violencia ha permanecido en el tiempo. Uno de los motivos radica en la negociación con ETA que mantuvo el gobierno socialista de José Luis Rodríguez Zapatero. El modelo de final del terrorismo que esa negociación puso en marcha contribuyó a la deslegitimación de la democracia al legitimar como interlocutores a quienes utilizaban la violencia. No solo se negoció con ellos precisamente porque utilizaban el terrorismo. Al mismo tiempo, para legitimar esa negociación se deslegitimó a quienes se oponían a ella, incluidas numerosas víctimas del terrorismo.

Como Juan Aranzadi advirtió en 1994, "la escenificación y representación simbólica" del final de ETA poseía "una extremada trascendencia práctica e ideológica", pues durante décadas ETA fue "el fermento regenerador del movimiento nacionalista vasco, obligado desde los años sesenta a definirse por referencia a ella".[9] Aranzadi planteaba que un "final dialogado" o un "final policial" determinarían una mayor o menor justificación y legitimación de la violencia etarra como "efecto de la opresión nacional de Euskadi".[10] En esa línea, ya en 1998, Txema Montero, antiguo eurodiputado de HB que posteriormente se alineó con el PNV, advertía sobre la importancia que para el resto del nacionalismo tendría un determinado final de la banda: "todos tenemos la impresión histórica de que una derrota militar [de ETA] supone unas consecuencias políticas de dependencia del pueblo vasco y de retroceso respecto a cuotas alcanzadas".[11]

En ese contexto debe analizarse el proceso que llevó a ETA a detener su violencia en 2011 en el marco de un proceso de negociación con el gobierno del estado democrático al que venía deslegitimando. Este proceso revertió la deslegitimación de los terroristas y de sus representantes políticos, que había constituido una parte decisiva de las políticas antiterroristas responsables de su debilitamiento. Permitió a ETA la rehabilitación política y social del entorno terrorista, auténtico poder fáctico y cómplice necesario del terrorismo nacionalista.

---

8   José María Ruiz Soroa, "¿Qué significa deslegitimar el terrorismo judicialmente?", p. 65, Fundación Fernando Buesa (2011), ¿Qué significa deslegitimar el terrorismo…? Vitoria: Fundación Fernando Buesa, pp. 64-79.

9   Juan Aranzadi, "La necro-lógica etarra", p. 262, en Juan Aranzadi et al. (1994), *Auto de terminación (Raza, nación y violencia en el País Vasco)*. Madrid, El País Aguilar, pp. 251-262.

10   Ibid.

11   Citado en Florencio Domínguez (1998), *De la negociación a la tregua. ¿El final de ETA?* Madrid, Taurus, p. 174.

El académico Niklas Luhman aporta importantes claves para comprender la importancia de la confianza en la política. Llega a definir la confianza como un "hecho básico de la vida social", el "punto de partida correcto y apropiado para la derivación de reglas para la conducta apropiada".[12] Las expectativas que la confianza genera permiten la movilización, la cohesión y la acción política, si bien debe tenerse en cuenta que "la confianza solo puede asegurarse y mantenerse en el presente".[13]

Al aplicar estos parámetros a una política pública como el terrorismo, observamos que la confianza de la sociedad española en la política antiterrorista de determinados gobiernos fue un factor decisivo para que la democracia se enfrentara a ETA con eficacia. La política antiterrorista impulsada por José María Aznar, particularmente en los últimos años de la década de los noventa y al inicio del nuevo siglo, contribuyó a la construcción de esa confianza. A pesar de la intensidad de la violencia terrorista, la presión judicial y policial llevó a ETA a reconocer que el Estado había logrado "despertar el fantasma de la destrucción de la izquierda abertzale".[14] El pesimismo de la banda quedaba reflejado en otro documento etarra intervenido en 2003 en el que se constataba que "la izquierda abertzale está en crisis" y que "la estrategia político militar está colapsada".[15]

Una de las medidas fundamentales para semejante debilitamiento lo constituyó la ilegalización de Batasuna. Como destacó Ignacio Astarloa, uno de sus artífices, "la democracia española acabó con algo aberrante: que un grupo terrorista tuviese un partido político".[16] Destacó su relevancia "no solo para la lucha antiterrorista, sino como elemento de dignidad de la democracia".[17] Así ocurría porque implicaba que la democracia se defendía precisamente de la ideología de deslegitimación del sistema democrático con la que los representantes políticos de ETA justificaban y mantenían el terrorismo nacionalista. La democracia había recuperado la dignidad expulsando de las instituciones a los colaboradores necesarios de ETA; la perdió cuando los admitió en 2011 sin la condena inequívoca del terrorismo. Constituye esta fraudulenta legalización uno de los principales factores legitimadores de EH Bildu y de su tramposa homologación democrática, como se profundizará más adelante. También una de las causas de que la desconfianza hacia los representantes políticos de ETA se haya revertido transformándose en un amplio apoyo.

La negociación con terroristas y su legitimación

La negociación con ETA, todavía negada por muchos a pesar de toda la evidencia que la acredita, implicó la renuncia a aplicar las iniciativas requeridas para derrotar ideológica, política y socialmente a quienes han justificado el terrorismo etarra y a quienes se han beneficiado de él. Como acreditaban los

---

12 Niklas Luhman (1996), *Confianza*. Barcelona: Anthropos, pp. 5-6.

13 Ibid., p. 20.

14 Zutabe, núm. 106, noviembre de 2004.

15 "Evolución del proceso de liberación y situación política", documento intervenido por la policía francesa el 14 de abril de 2003 al dirigente de ETA Ekaitz Sirvent.

16 Intervención de Ignacio Astarloa en Jornada sobre la Ley de Partidos: 20 años de la LO 7/2002 de Partidos Políticos, UNED, 15/09/2022.

17 Ibid.

documentos de inteligencia, ya en 2004 una mayoría del movimiento terrorista consideraba que el terrorismo constituía un "lastre" que solo se mantenía como "moneda de cambio" para lograr una "salida más o menos airosa" para ETA.[18]

El gobierno socialista de José Luis Rodríguez Zapatero le regaló esa "salida airosa" en lugar de "un final por aniquilamiento" como el que los terroristas temieron tras su ilegalización.[19] Otro análisis de inteligencia preveía en 2002 que como resultado de las "constantes desarticulaciones de estructuras operativas de ETA, tanto en Francia como en España" se vislumbraba "el colapso de la estructura de ETA incapaz de regenerarse", de ahí que concluyera: "con la 'lucha armada' socialmente aislada y carente el MLNV de recursos como para cubrir el vacío de poder subsiguiente, solo el PNV, tal como sucedió en 1992 y en 1998, podría evitarle la derrota definitiva, acudiendo en su auxilio".[20]

No fue solo el PNV quien acudió en "auxilio" de ETA a partir de 2004, también el PSOE al impedir la materialización de un escenario que sí contemplaba el final del terrorismo mediante su propio colapso, sin los beneficios objetivos y simbólicos que la negociación le reportó. Como afirma Llera, "el éxito de los terroristas consiste en hacerse imprescindibles como actores principales en la propia liquidación de la violencia y la desestabilización generadas por ellos, buscando un armisticio, cuyo final es una negociación".[21] La negociación entre el Gobierno socialista y ETA propició la legitimación política y social de la "izquierda abertzale", que tampoco se interrumpió al seguir negociando desde 2008 a través de intermediarios.

Como denunció la Fundación para la Libertad, la negociación con ETA relativizada por el gobierno de Zapatero implicaba "una flagrante violación de los principios y reglas del juego democrático, definidas por la Constitución y el Estatuto de Autonomía".[22] Suponía reconocer que, "como dicen todos los nacionalistas, la banda es la expresión de un antiguo conflicto motivado por la insatisfactoria integración de los vascos en España", presentando a ETA ante la "opinión pública como partidaria de solucionar los conflictos por métodos pacíficos", como un "beligerante en una guerra contra un Estado opresor que ocupa su territorio", que "nació para solucionar problemas políticos que nuestro vigente modelo constitucional impide solucionar". Esa legitimación no era reversible por el mero hecho de que la negociación entre 2008 y 2011 se mantuviera en secreto y a través de intermediarios.

La estrategia de Rodríguez Zapatero reforzó a la dirección "política" del movimiento terrorista, facilitándole así a ETA que eludiera la derrota que temió cuando peligraba "su presencia en el escenario político y social, a medio plazo".[23] La negociación revalorizó el terrorismo como "moneda de cambio", que pasó de

18   Rogelio Alonso (2018), *La derrota del vencedor. La política antiterrorista del final de ETA*. Madrid: Alianza editorial, p. 384.

19   Ibid., p. 127.

20   Ibid., p. 382.

21   Francisco Llera (2013), "ETA: medio siglo de terrorismo y limpieza étnica en Euskadi", p. 8, *Sistema*, 231, pp. 3-46.

22   Fundación para la Libertad, *Sobre la mesa de partidos y el "proceso de paz" con ETA*, Bilbao, 2006 (Documento elaborado por los catedráticos de Derecho Constitucional Roberto Blanco Valdés y Javier Corcuera, y el profesor de la Universidad del País Vasco Carlos Martínez Gorriarán), p. 19.

23   Rogelio Alonso (2018), *La derrota del vencedor*, op.cit., p. 384.

ser un "lastre" a constituirse en el instrumento gracias al cual, mediante la promesa de su desaparición, el entramado terrorista logró recuperar el espacio político y social perdidos durante la última legislatura de José María Aznar.

Esa fue la "herencia envenenada" que el Partido Popular asumió cuando Mariano Rajoy ganó las elecciones en 2011, continuando con aspectos fundamentales de la política antiterrorista socialista que tanto criticó desde la oposición.[24] Como destacó Mikel Azurmendi, el PP "no tuvo arrestos morales ni políticos para taponar esta vergonzosa relajación democrática cuando tuvo la mayoría absoluta".[25] El Gobierno de Rajoy temió que ETA volviera a asesinar si abandonaba esa continuidad que implicaba la satisfacción de exigencias negociadas entre los socialistas y ETA como la legalización del brazo político de ETA, la derogación de la doctrina Parot, y la excarcelación de Bolinaga.

Revelador resulta que en 2007 Mari Mar Blanco, entonces diputada del Partido Popular y presidenta de la Fundación Víctimas del Terrorismo, defendiera la excarcelación de Bolinaga cuando, años atrás, había acusado al gobierno socialista de haber "cedido" ante el "chantaje" de De Juana y de pagar un "precio político" por su excarcelación, ya que "el asesino no estaba en peligro" de muerte.[26] Afirmó también la hermana de una víctima tan simbólica como Miguel Ángel Blanco: "Es inmoral que gobiernen quienes no condenaron la muerte de mi hermano"[27]. Ante tan clara constatación de fracaso, era obligada la siguiente pregunta: ¿Qué hizo el PP y el resto de partidos para impedir esa inmoralidad que ha favorecido la injusta homologación democrática de Bildu? Los gobiernos de Pedro Sánchez, desde 2018, nada hicieron por revertir la legitimación implícita del terrorismo y la rehabilitación política y social de sus promotores iniciada por sus predecesores. Al contrario, profundizó dicha legitimación de los testaferros de ETA. Así fue normalizándose la desviación que suponía la normalización democrática de Bildu. Pero otros partidos políticos tampoco la impidieron.

Durante el gobierno de Rajoy el PP renunció a articular una estrategia frente a un partido como Bildu, al que sus dirigentes con frecuencia calificaban de "legal, pero no demócrata". Ningún partido ha ido más allá de expresar indignación para oponerse a la injusticia e ilegitimidad del proyecto político de Bildu, sustentado en la sistemática violación de los derechos humanos. "Bildu no es ETA",[28] llegó a afirmar Borja Sémper, portavoz del Partido Popular desde 2023, normalizado así la desviación que supone la naturalización democrática de los terroristas.

Tras neutralizarse por motivos políticos un mecanismo de defensa del Estado como la prohibición de partidos, ¿acaso no podía y debía la democracia defenderse de partidos vinculados a proyectos antidemocráticos

---

24 Resultaba revelador que el Gobierno de Rajoy mantuviera en el Ministerio del Interior a los mismos asesores que Rubalcaba había utilizado para iniciativas tan criticadas por el PP cuando estuvo en la oposición. Para un análisis detallado de esta etapa, véase Alonso (2018), *La derrota del vencedor*, op. cit., pp. 247-299.

25 Mikel Azurmendi (2017), *El relato vasco. Libros para entender el fin de ETA*, Córdoba, Almuzara, p. 19.

26 "Marimar Blanco pide a Rubalcaba que 'deje de echar más basura' en la memoria de su hermano", Abc, 02/03/2007.

27 "Víctimas de ETA recuerdan a Miguel Ángel Blanco entre críticas a la presencia institucional de Bildu", *Deia*, 18/03/2012.

28 Entrevista con Borja Sémper en *Jot Down*, enero de 2013, http://www.jotdown.es/2013/01/borja-semper-el-futuro-en-euskadi-se-tiene-que-construir-tambien-con-bildu/

y desleales con el sistema constitucional? Nunca han explorado los partidos democráticos una respuesta coherente con su indignación ante la presencia institucional de Bildu, eximiendo así de sus responsabilidades políticas a quienes aún legitiman los crímenes de ETA. Véase, por el contrario, cómo en 2017 el parlamento alemán votó a favor de negar la financiación pública al Partido Nacionaldemócrata de Alemania (NPD), definido por el Tribunal Constitucional Federal como "constitucional pero antidemócrata".

De manera incongruente PNV, PSE y PP aprobaron en 2013 un "suelo ético" basado en una serie de principios que Bildu rehusó aceptar, pero sin consecuencias para la formación, evidenciando una vez más la ausencia de rendición de cuentas. Estos principios eran deliberadamente genéricos con el fin de que también fueran aceptados por los herederos de ETA. Las constantes reclamaciones de autocrítica a Bildu carecen de sentido cuando se eluden medidas que impidan la amnistía política y social de la que se benefician. Más bien refuerzan su homologación como un partido democrático más.

Fraudulenta legalización de Bildu, fraudulenta homologación democrática

La propia ETA reconoció que la ilegalización de Batasuna le hizo temer por su verdadera derrota, la de su "proyecto político": "No habría estrategia político-militar, no porque se hubiera acabado con la lucha armada, sino por el hecho de neutralizar el campo político".[29] Sin embargo, el PNV, que descalificó la ilegalización como "cruzada antivasca",[30] deseaba un final de ETA "sin vencedores ni vencidos", con "gateras".[31] Exigía que el terrorismo nacionalista no fuera derrotado ideológica y políticamente, dotando así de utilidad y significado a la violencia de ETA. El PSOE aceptó ese modelo que exigía romper el consenso antiterrorista con el PP, negociando con los terroristas la rehabilitación de su nuevo brazo político mediante la desactivación de la Ley de Partidos que ETA le exigió. La unidad entre los partidos constitucionalistas que tanto había sido fortalecida a través de la Ley de Partidos fue efímera y desapareció cuando los intereses partidistas se antepusieron a los del Estado.

La fraudulenta legalización supuso una homologación democrática también fraudulenta. La legalización de Bildu y Sortu se produjo mediante el fraude de ley de un Tribunal Constitucional que sin competencia para ello neutralizó la ilegalización dictada por el Supremo,[32] evidenciando un serio fallo de uno de los mecanismos de defensa del Estado más importantes, la prohibición de partidos.[33]

El Tribunal Constitucional incumplió su propia jurisprudencia al legalizar al brazo político de ETA, sin exigirle la condena inequívoca del terrorismo que había exigido hasta entonces. También se excedió en sus

---

29   *Fase politikoaren eta estrategiaren argipena. Clarificando la fase política y la estrategia*, documento de Batasuna, octubre de 2009, p. 37.

30   Olatz Barriuso, "El Gobierno vasco pretende recurrir la Ley de Partidos ante el Tribunal de Estrasburgo", *El Correo*, 14/03/2003.

31   Entrevista a Josu Jon Imaz, presidente del PNV, *El Correo*, 20/11/2005.

32   Rogelio Alonso (2018*), La derrota del vencedor*, op.cit., pp. 232-245.

33   Pablo Fernández de Casadevante (2015), "La prohibición de formaciones políticas como mecanismo de defensa del Estado y el debilitamiento de dicha protección tras las polémicas decisiones sobre Bildu y Sortu", *Revista Europea de Derechos Fundamentales*, núm. 26, pp. 111-137.

competencias valorando una prueba que había llevado al Tribunal Supremo a dictar su ilegalización. Los argumentos de los magistrados discrepantes evidencian la instrumentalización y politización, en el sentido negativo de ambos términos, del ingente trabajo realizado por la Guardia Civil, la Policía Nacional y el Centro Nacional de Inteligencia. Estas agencias habían recabado pruebas incuestionables para el Tribunal Supremo, o sea, el órgano responsable de determinar la legalidad o ilegalidad de los sucesores de Batasuna.

Por ello, el constitucionalista Javier Tajadura aseguró que "el Tribunal Constitucional ha erosionado el Estado de derecho"[34] al tomar una decisión que contó con importantes votos discrepantes.[35] Uno de los magistrados críticos con la sentencia del TC definió la legalización de Bildu como una decisión que "le avergonzaba",[36] pues gracias al excelente trabajo policial había "quedado acreditada una operación política del llamado complejo ETA/Batasuna para utilizar, con fines de sucesión política, un elevado número de candidaturas electorales de los partidos legales EA y Alternatiba, operación consumada con la constitución a tal efecto de la coalición electoral Bildu".[37]

Tan grave erosión del Estado de derecho, impulsada por el Gobierno socialista, eximió a Bildu de sus responsabilidades por el terrorismo con las repercusiones actuales: la institucionalización del brazo político de ETA, debilitando a la democracia al tratar como iguales a quienes evidentemente no lo son con el fin de mantener el poder. Sánchez recogió los frutos sembrados por Zapatero, logrando el poder mediante la alianza de la izquierda con el nacionalismo y borrando el déficit democrático de quienes mantuvieron la "ideología de la deslegitimación" que hizo posible la violencia. Y es que legitimar a ETA requirió la constante deslegitimación de la democracia por parte del nacionalismo. Para mantenerse en el poder el PSOE, durante el gobierno de Sánchez, ha blanqueado a Bildu constantemente.

Su consideración como una fuerza política más a pesar de sus déficits ha reforzado su legitimación. El alcance de este proceso de transformación se aprecia al comparar las rotundas negativas de Sánchez antes de llegar al Gobierno a pactar con Bildu con una diferente realidad posterior. En este sentido, revelador y simbólico resultaba uno de los ejemplos de dicha normalización y legitimación: la firma de un acuerdo entre PSOE y Bildu en defensa de los derechos humanos y la democracia en el que se colocaba implícitamente a los partidos de la oposición como PP y Ciudadanos en contra de los valores y principios democráticos.[38] El pasado y presente de legitimación del terrorismo ha sido clausurado mientras se ha aireado el fantasma de una inexistente derecha fascista.

---

34   Javier Tajadura, "La extralimitación del Tribunal Constitucional", *El Correo*, 10/05/2011.

35   STC 138/2012, de 20 de junio, Voto particular que formula el Magistrado don Ramón Rodríguez Arribas, respecto a la Sentencia dictada, el 20 de junio de 2012, en el recurso de amparo avocado a Pleno núm. 2891-2011, p. 216.

36   Manuel Aragón, "La legalización de partidos políticos que no condenan el terrorismo", Seminario celebrado en la Universidad Rey Juan Carlos, Madrid 16/04/2015.

37   Voto particular que formula el Magistrado don Manuel Aragón Reyes, respecto de la sentencia, otorgando el amparo solicitado, dictada por el Pleno en el recurso de amparo electoral avocado núm. 2561-201, 5 de mayo de 2011, p. 10.

38   Raúl Piña, "El Gobierno firma con Bildu y sus socios un manifiesto contra la derecha y a favor de 'los derechos humanos'", *El Mundo*, 21/10/2020.

Javier Gómez Segura, psicólogo y guardia civil herido en un atentado de ETA, falleció en 2016. Subrayaba la necesidad de poner al terrorista y a su víctima en el lugar que a cada uno le corresponde, pues cualquier forma de legitimación al primero pone en duda la inocencia de la segunda. Criticaba el ansia de terminar con el terrorismo con dosis de impunidad que implicaban una nueva victimización de efectos devastadores.[39]

Parafraseando a Robert Meister en *After Evil* (*Tras el mal*), la falta de justicia es un problema intemporal que intenta justificarse mediante el falso humanitarismo y el pragmatismo: como ya no propugnan el asesinato, aunque sí todos los cometidos, se evita exigir responsabilidades a los culpables y se les permite mantener sus ganancias; se niega la reparación confinando el mal al pasado; se apela al cariño a las víctimas ignorando las consecuencias de la injusticia infligida.[40] La prohibición de partidos que legitiman el terrorismo ofrecía una justicia reparadora, un mecanismo de defensa del Estado al que se desprotege si se abandona, como así ha sido.

Quienes por ignorancia o falta de honradez ven como un éxito la integración de Bildu eluden todo ello y que la misión principal de su predecesor, Batasuna, fue la no condena del terrorismo. Es decir, la aceptación de los asesinatos como necesarios que Bildu mantiene. Muchos obvian tan inaceptable déficit democrático y sus consecuencias en el presente al cancelar el pasado de terror. Parafraseando al académico David Scott, las afrentas no reparadas siguen constituyendo afrentas todavía que no se borran solo con el paso del tiempo.[41] La presencia de Bildu en las instituciones, fruto de esa bastarda legalización, constituye una constante ofensa que impide la reparación política en una sociedad que con el paso del tiempo ha borrado el significado político de los asesinatos de ETA.

> *"ETA desapareció, no está aquí, aquí no hay terroristas. Ya está bien (...) Aquí lo que hay son franquistas, unas derechas de vocación golpista".*[42] *Las consignas de Odón Elorza desde la Tribuna del Congreso en 2021, aplaudidas por los diputados del PSOE, constituyen una reveladora evidencia de la utilidad del terrorismo nacionalista y del blanqueamiento de Bildu. En 2019, Joseba Arregi escribía: "El proyecto por el que ETA mató sigue vivo y animando propuestas políticas para la definición del futuro político de la sociedad vasca".*[43]

Las palabras de Arregi tienen plena vigencia al exponer la pose moral de Elorza y su partido: "Porque aunque ETA haya desparecido como organización terrorista, sigue viva en sus antes compañeros necesarios y hoy herederos que hacen política gracias a lo conseguido por la historia de terror de ETA, como lo afirman ellos mismos".[44] El partido socialista ha asumido las premisas del nacionalismo que legitimó el asesinato y que ahora exige olvido para que sus fines nacionalistas no queden contaminados por los medios terroristas.

---

39   Javier Gómez Segura, "La evolución en la percepción de las víctimas de ETA", Trabajo de Fin de Máster presentado en noviembre de 2012 como requisito para la obtención del título de Máster Universitario en Análisis del Prevención del Terrorismo.

40   Robert Meister (2011), *After Evil: A Politics of Human Rights*. Columbia: Columbia University Press.

41   David Scott, "A Reparatory History of the Present," *Small Axe*, número 52, Marzo 2017.

42   *Diario de Sesiones del Congreso de los Diputados*, 24/11/2021, número 40, p. 153.

43   Joseba Arregi, "Vivir de ETA", *El Mundo*, 03/07/2019.

44   Ibid.

En los términos expresados por Arregi: "No solo es preciso hacer política como si ETA no existiera, sino como si ETA no hubiera existido".[45]

Odón Elorza demostraba que el negacionismo de las implicaciones políticas del terrorismo nacionalista viene motivado por y motiva una ceguera moral que, parafraseando a Zygmunt Bauman, se sustenta en la pérdida de sensibilidad y la indiferencia ante las atrocidades cometidas por ETA. Arregi sigue siendo esclarecedor:

> *"Mientras no exista una condena clara de la historia de terror de ETA, mientras no exista una actuación política coherente con el significado político de las víctimas que exige renunciar a los proyectos políticos nacionalistas radicales, la presencia de ETA en la sociedad y en la política vasca seguirá viva porque no se habrá hecho justicia a la memoria debida a las víctimas asesinadas".*[46]

Elorza intentó ocultar su "ceguera moral" mediante su propio victimismo. Daniel Giglioli desnuda en *Crítica de la víctima* esa táctica del "líder victimista": "Yo soy irrebatible, estoy por encima de toda crítica".[47] Elorza concluyó con otra inversión moral mediante la comparación ventajosa con el franquismo. Consumaba así el blanqueo de los testaferros de ETA estigmatizando injustamente a los representantes de partidos democráticos víctimas del terror nacionalista.

Normalizar la desviación

Como la socióloga Diane Vaughan analizó, la "normalización de la desviación" se produce al definirse como normales y aceptables las malas prácticas dentro de una organización. Parafraseándola, los individuos justifican su extravío de lo legal y de estándares sociales amparándose en su beneficio y el de su grupo. Así prospera una cultura complaciente con las desviaciones que les permite sentirse bien a pesar de incurrir en comportamientos erróneos y que, en consecuencia, se retroalimentan. Este proceso permite explicar la benevolencia de bastantes electores con quienes han ido desviándose de los patrones democrático mediante su gradual legitimación de Bildu. Y también el fortalecimiento de este partido.

Aurelio Arteta nos recuerda que la política es una cuestión de argumentos morales que descansa sobre tres categorías: los derechos humanos, la justicia y la legitimidad.[48] El proyecto político de Bildu emana de la sistemática violación de los derechos humanos, de ahí su injusticia e ilegitimidad. La ética política desenmascara la impostura de quienes reivindican como un éxito la integración de este partido en el sistema democrático. Por el contrario, confirma la exoneración de las culpas y responsabilidades de Bildu que, siguiendo la tipología de Jaspers para el nazismo, lo son tanto de orden criminal, como político y moral al apelar también a quienes no hicieron lo suficiente para evitar los crímenes.

---

45 Ibid.

46 Ibid.

47 Daniel Giglioli (2017), *Crítica de la víctima*. Barcelona: Herder, p. 15.

48 Aurelio Arteta, "Moral y política", en Aurelio Arteta, Elena García Guitián y Ramón Máiz (eds.) (2003), *Teoría política: poder, moral, democracia*. Madrid: Alianza.

Si la fraudulenta legalización de los testaferros de ETA canceló injustamente su culpa criminal, no debería haber cancelado ninguna de las restantes. En cambio, la democracia española ha aceptado un final del terrorismo que rehuyó la derrota ideológica del terrorismo nacionalista y su imprescindible juicio político y moral. Estas son las raíces de una injusticia como lo es la rehabilitación de Bildu, banalizando así el asesinato.

Suele reclamarse memoria para las víctimas del terrorismo, ignorándose que, como observa Yerushalmi, el antónimo del olvido no es la memoria, sino la justicia. La justicia a las víctimas requiere castigo jurisdiccional, pero también justicia política pues, como advirtió Arteta, "cuando para matar al vecino se aducen justificaciones y metas políticas, la justicia para las víctimas tampoco puede contentarse con su mera indemnización o resarcimiento".[49] Ante tanta injusticia, "memoria" y "relato" parecen palabras talismán para embellecer la impunidad apelando a las emociones.

Véase, a modo de ejemplo, cómo en 2020, durante las celebraciones del "Día de la Memoria", frente a varias víctimas, el delegado del Gobierno en el País Vasco se limitaba a pedir a "ese mundo que aún homenajea la muerte" que "suspendan" sus homenajes porque "pisotean la dignidad de las víctimas". Pero también porque "tratan de secuestrar la voluntad del excarcelado".[50] Su retórica reemplazaba la aplicación de la Ley de Víctimas que prohibía esas humillaciones. Además, recurría a la victimización del terrorista instrumentalizando el dolor de las verdaderas víctimas e invocando su memoria.

Bildu y el ritual de purificación

"Es la primera vez que, sin ambigüedades ni circunloquios, la izquierda *abertzale* pide perdón (sin usar esa palabra expresamente) a las víctimas de ETA, aunque no condena la actividad terrorista de la banda, que causó 853 víctimas mortales". Esta era el texto que *El País* publicaba en su portada el 19 de octubre de 2021 con una amplia foto de Otegi, un día después de solemnizar así los diez años del cese de ETA. Esa era la declaración a la que, en 2023, al renunciar a sus actas, aludían de nuevo siete candidatos de Bildu condenados por asesinatos como miembros de ETA: "Nos sumamos expresamente a la declaración del 18 de octubre como una mirada autocrítica sobre el ciclo de enfrentamiento anterior".[51] Entonces, tan vanas palabras ya sirvieron a Otegi y a su partido para extraer réditos políticos, como la incoherencia del diario refleja. Y es que, ¿cómo se puede pedir perdón sin ambigüedades ni circunloquios sin usar esa palabra expresamente y sin condenar la actividad terrorista?

Injustamente, muchos volvieron a valorar como positivo un acto de propaganda, eludiendo rendir cuentas por los crímenes que su partido justificaba. Así se subestimaba la esencia de la comunicación de publicistas

---

49   Aurelio Arteta, "¿Qué justicia para estas víctimas?", Bastaya.org, 06/03/2006.

50   Intervención de Denis Itxaxo, Día de la Memoria 2020, Centro Memorial de Víctimas, 09/11/2020, https://www.youtube.com/watch?v=IOuY-GeWoOdg

51   "Texto íntegro de la carta de la renuncia de los candidatos exetarras de Bildu a ser elegidos en las elecciones", *El Correo*, 16/05/2023.

como lo son el terrorista y su portavoz: el carácter del emisor, el contexto en el que actúan y su propósito mediante un procedimiento que persigue la persuasión a través el engaño.

Otegi teatralizó aquella inexistente contrición en 2021 en momentos, como en 2023, en los que el gobierno de Pedro Sánchez era criticado por sus pactos con Bildu. "Un paso significativo", valoraron los socialistas.[52] A pesar de la enorme desproporción entre las inhumanas y crueles ofensas cometida por ETA y las falsas disculpas verbalizadas, evidenciando, por tanto, la intención propagandística de Otegi, desde *El País*, Luis Rodríguez Aizpeolea lo valoró como "un paso importante": "La declaración tiene un valor que debe reconocerse".[53] En cambio, Arcadi Espada enmarcaba correctamente el acto de propaganda:

> *"Qué emoción profunda la de ver venir a la prensa socialdemócrata con el centímetro al cuello, como aquellos sastres, y es que van a medir las palabras de Otegi (…) Un pequeño paso para el vasco, pero un gran paso para la Humanidad. Y, ojo, que Aizpeolea establece que 0,0007, aunque ya sabéis cómo es (…) Qué ceremonia denigrante. Un tipo que lo primero que dice es que los asesinatos no se deberían haber prolongado tanto en el tiempo, que lo bueno si breve, joder, y ni un solo sastrecillo valiente le aprieta el centímetro al cuello".[54]*

Tampoco faltó el testimonio de una víctima, Maixabel Lasa, para aportarle credibilidad al acto de propaganda interpretado por Otegi. "Esto es lo que pedíamos, ¿no? Pues ya está", dijo.[55] Evidentemente, a EH Bildu, partido testaferro de ETA según el Tribunal Supremo, lo que se le debe exigir es justicia política por su complicidad con el asesinato. Sin embargo, el testimonio de esta víctima ilustra el ritual de purificación escenificado por el hombre que sigue glorificando la sistemática violación de los Derechos Humanos por parte de la organización terrorista de la que formó parte durante décadas. Esa misma liturgia, tras su eficacia en el pasado, es la que representaron los asesinos que integraban las candidaturas de Bildu y que retiraron sus actas ante las críticas suscitadas.

Como numerosos autores han teorizado, el político concibe la comunicación política como un drama. Otegi interpreta su papel de "hombre de paz" con éxito entre significativas audiencias pese a tener las manos manchadas de esa sangre que aún justifica. Su triunfo revela la falta de valor de una parte de nuestra élite mediática y política y de la ciudadanía para desafiar con contundencia el discurso legitimador de ETA, exigiendo a Bildu una verdadera rendición de cuentas por eludir la deslegitimación del terrorismo.

Como explicó Kenneth Burke, ante una situación de desorden y contaminación, el político busca el orden.[56] "La inclusión de nuestros nombres en las candidaturas de Bildu ha levantado una gran polvareda política y mediática",[57] afirmaron los asesinos para justificar su decisión. El eufemismo ocultaba el problema político que, al gobierno de Pedro Sánchez, no a Bildu, le generaba la asociación con asesinos que reivindicaban su vileza. Con el ritual de purificación escenificado perseguían su victimización, invirtiendo el rol de las

52 David Guadilla, "Siempre hemos mirado a la izquierda abertzale de frente, no sé si Ortuzar puede decir lo mismo", *El Correo*, 31/10/2021.

53 Luis Rodríguez Aizpeolea, "Un paso importante", *El País*, 19/10/2021.

54 Arcadi Espada, "Mención especial", *El Mundo*, 19/10/2021.

55 Entrevista a Maixabel Lasa, *El País*, 19/10/2021.

56 Kenneth Burke (1962), *The rhetoric of religion: Studies in logology*. Berkeley: University of California Press.

57 "Texto íntegro de la carta de la renuncia de los candidatos exetarras de Bildu a ser elegidos en las elecciones", *El Correo*, 16/05/2023.

verdaderas víctimas que ellos causaron. De ese modo obtenían la redención y el retorno al orden con un logro simbólico que Otegi apuntalaba como "un gesto inequívoco hacia la convivencia democrática".[58]

Así se conformaba el "chivo expiatorio" al que, como explica Burke, se recurre en las campañas agitadas y en las polémicas políticas. Se estableció una identificación con un enemigo compartido, "la derecha", de ahí el marco mental que Sánchez impuso en ese contexto: "Derrotamos a ETA y eso la derecha no lo puede soportar".[59] Una vez más el PP quedaba descolocado tras dar por bueno un final del terrorismo que Vicente de la Quintana, ex secretario de la Fundación para la Libertad, ha definido como "sucio": sucio por la negociación política de los socialistas con ETA transaccionando su cese a cambio de importantes concesiones como la fraudulenta legalización de Bildu sin la condena inequívoca del terrorismo.[60] Ese es el origen de "la contaminación" que se intenta "purificar" y de la que el PP siempre sale mal parado por su falta de valor para reconocer su aquiescencia con aquel final "sucio" y rectificar. Por el contrario, es Bildu el partido que queda purificado y, en consecuencia, legitimado.

Algunas víctimas que erróneamente apreciaron un "salto cualitativo" en la teatralización de Otegi en 2021 calificaron posteriormente como "cinismo" el gesto de los asesinos de Bildu.[61] Ya en 2010 Ángeles Escrivá se refirió con precisión al "funambulismo político y declarativo" y a la "calculada escenificación de su distanciamiento de ETA" de Otegi.[62] Pero no todos los periodistas ejercen igual su profesión. El diario *El Correo*, tan admirable en otro tiempo combatiendo al terror, ha llegado a ensalzar a los terroristas describiéndoles como "generales",[63] como también ha hecho *El País*.[64] Es también habitual su descripción de los criminales como "históricos dirigentes de la izquierda abertzale". Oculto su sangriento pasado, como si este no determinara el presente, desaparecen las consecuencias políticas del terror y la culpa de Bildu. No se borrarían los antecedentes de un pederasta, pero sí los de criminales políticos nacionalistas. "La izquierda abertzale da pasos, pero sin completar su recorrido ético", repiten los medios recurriendo al lenguaje eufemístico para suavizar la impunidad de quienes han violado los derechos humanos.

En el teatro de la política lo terroristas neutralizan su culpa y responsabilidad. Seducidos por el espectáculo muchos ciudadanos en lugar de exigir justicia penal y política por los crímenes que Bildu legitima aplauden su propaganda. Y así, como Améry denunció con el nazismo, aunque los crímenes de ETA son recordados, la conciencia pública va perdiendo toda la magnitud de lo que supusieron realmente. No solo desaparece la inquietud y la conciencia del significado político de las víctimas de ETA. Además, pierde sentido el castigo de esos crímenes cuando ambos se distancian en el tiempo. "Han optado por la política", suele repetirse

---

58 Mikel Ormazabal, "Otegi aplaude la renuncia de los exetarras: 'Debemos avanzar hacia el futuro y no generar zozobra'", *El País,* 16/05/2023.

59 Josean Lizarra, Marta Belver, "Sánchez se apropia de la 'derrota' de ETA para atacar al PP", *El Mundo,* 16/05/2023.

60 Vicente de la Quintana, "El sembrador y su cosecha", Fundación FAES, 11/05/2023.

61 Declaraciones de Consuelo Ordóñez en Cadena SER, 18/10/2021; Ana Moreno, "Covite y la AVT critican el 'cinismo' de los siete 'asesinos' de ETA en listas de Bildu y piden la renuncia de los otros 37 condenados", *20 Minutos,* 16/05/2023.

62 Ángeles Escrivá, "Los expertos coinciden: ETA sigue pensando que atentar es la única vía", *El Mundo,* 02/08/2010.

63 Lourdes Pérez, "La delación que apunta a 12 generales de ETA", *El Correo* 14/05/2023.

64 Carlos Yárnoz, "París juzga al último general de ETA y a su lugarteniente", *El País,* 02/11/2015.

como si ello les eximiera de la culpa que aún deben expiar. "Quien ha ganado hoy son las víctimas", se repite con frecuencia cuando se blanquean actos propagandísticos de Bildu como si no fuera lo que es, la historia viva de ETA. Es frecuente elevar moralmente al criminal para frustración de la víctima que reclama justicia, como recuerda Améry: "Insisto, la culpa colectiva pesa sobre mí, no sobre ellos. El mundo, que perdona y olvida, me ha condenado a mí, no a aquellos que asesinaron o consintieron el asesinato. El tiempo ha consumado su obra. En silencio".[65]

El terrorismo y el post terrorismo se dirimen en un conflicto de legitimidades. Las élites políticas han permitido la legitimación de quienes deslegitimaron la democracia para justificar a ETA como necesaria. Los medios de comunicación -como más adelante explicará con detalle el periodista Fernando Lázaro en este informe- refuerzan la legitimación política y social de quienes aún glorifican el terrorismo contribuyendo a que la sociedad les premie injustamente. Otegi es entrevistado en el *Diario Vasco* y *El Correo* como si nunca hubiera dirigido un grupo terrorista, disfrazando su propaganda como positivos gestos hacia las víctimas, falseando su negativa a resarcir las enormes injusticias de las que es responsable.[66] Uno de sus veteranos periodistas describía a Bildu como "un movimiento de resistencia" transformado "en una fuerza casi socialdemócrata".[67] Otra de sus firmas acusaba a Vox y PP de "poner en peligro la convivencia democrática" mientras glosaba los éxitos de quienes legitiman los crímenes de ETA.[68]

Revelador el incoherente editorial de *El Correo* tras las elecciones municipales de 2023, planteando que el fuerte aumento del poder local de Bildu "le brinda la oportunidad de reflexionar sobre el lastre que supone su resistencia a romper amarras con el pasado".[69] ¿Por qué va a reflexionar Bildu sobre esa supuesta carga cuando su crecimiento evidencia que no lo es, que los crímenes de ETA están amortizados, como demuestra el propio diario blanqueando a quienes aún reivindican su historia de terror? En la noche electoral posterior a esas elecciones ningún político o periodista en ETB asoció a Bildu con la violencia, definiéndolo como un "partido nacionalista a la izquierda del PNV", "progresista y transversal". Los jóvenes no tienen experiencia directa del terrorismo y muchos adultos asumen un relato dominante que deforma la realidad. Así se explica el creciente voto a quienes de forma tan injusta han sido indultados política, moral y socialmente pese a seguir legitimando el terror nacionalista.

"¿Votar a la izquierda *abertzale* supone acelerar el final de ETA?", le preguntó en 2012 el principal diario vasco a Rufino Etxeberria, presentado como "líder independentista", su pertenencia a ETA convenientemente maquillada. Tres páginas de entrevista dominical y portada, sonriente posado, propaganda y chantaje terrorista: "Votar a la izquierda *abertzale* ayuda a que este país camine hacia la paz y la normalización

65 Jean Améry (2004), *Más allá de la culpa y la expiación. Tentativas de superación de una víctima de la violencia*. Valencia: Pre-Textos, p. 158.
66 *El Correo*, 04/06/2023, *Diario Vasco*, 11/06/2023.
67 Pedro Ontoso, "Pasar la página de ETA", *El Correo*, 14/06/2023.
68 Braulio Gómez, "Gafas 23-J y pactos", *El Correo*, 20/06/2023.
69 Editorial, "Renovación municipal", *El Correo*, 18/06/2023.

definitiva, y supone una inversión para una nueva sociedad", respondió.[70] Ese mismo chantaje se ha ejercido desde el ámbito político reproduciendo esta tramposa afirmación: es mejor que estén en las instituciones a que peguen tiros.

Los medios de comunicación niegan constantemente las implicaciones políticas y sociales del terrorismo nacionalista. En lugar de condenarlos al "silencio social", como reivindica la víctima italiana Mario Calabresi,[71] se les ofrece una legitimación constante. Lo exponía en 2020 la película de Iñaki Arteta "Bajo el silencio" en la que se reproducían imágenes del documental que la televisión vasca ETB dedicó a Otegi. En él se muestra a un sonriente dirigente terrorista conversando con una popular periodista que entre sonrisas le comenta: "Desde que has salido de la cárcel nos da la sensación de que has intentado cambiar de imagen".[72] Precisamente ese reportaje constituía un instrumento para "cambiar su imagen" al legitimar a un político que ha justificado y todavía justifica el asesinato de sus conciudadanos, incluidos los representantes públicos de los partidos no nacionalistas. El periodismo transformado en altavoz del terrorista. La metamorfosis social y política del terrorista maquillando su pasado para influir sobre el presente al eludir la lógica exigencia de responsabilidades por su apología de la violación de los derechos humanos.

En la Nochebuena de 2018 el *Diario Vasco* y *El Correo* publicaban una fotografía calificada por muchos como "inmoral": un sonriente Otegi posando y brindando con dirigentes del PSE, PNV y Podemos convocados por el medio de comunicación para cocinar juntos la cena de tan señalada fecha. Así la enmarcaban los diarios: "La mejor receta de la política". Los diarios de referencia en el País Vasco, víctimas de ETA en el pasado, hoy, pese a comprometerse con la deslegitimación del terrorismo incurren a menudo en lo contrario. De manera reveladora, José María Múgica, hijo del socialista Fernando Múgica asesinado por ETA en 1996, dejó el partido socialista tras un reportaje que legitimaba política y socialmente a quien justificaba el asesinato de su padre y el de todos los asesinados por ETA. Un día antes *El Correo* entrevistaba a toda página a otro dirigente etarra, Rafael Díez Usabiaga, titulando: "Los 'ongi etorris' no deben percibirse como una ofensa hacia las víctimas". Privilegiada plataforma para "blanquear" a líderes del grupo terrorista y su proyecto político sustentado en el asesinato de seres humanos. Políticos que rechazan un mínimo democrático como la condena del terror etarra transformados en respetables referentes mediante el lavado de biografías manchadas de sangre. En ese contexto, poco o nada deslegitiman a ETA los testimonios de sus víctimas en esos diarios cuando sitúan en idéntico plano moral a los representantes políticos del terror nacionalista invitándoles a victimizar a los terroristas y a falsear la realidad sobre sus crímenes.

70   Entrevista a Rufino Etxeberria, *El Correo*, 03/06/2012.

71   Mario Calabresi (2023), *Salir de la noche: historia de mi familia y de otras víctimas del terrorismo*, Barcelona: Libros del Asteroide.

72   Iñaki Arteta (2020), *Bajo el silencio*. Leize producciones.

Las víctimas del terrorismo ante la legitimación de EH Bildu

En cada aniversario las víctimas son recordadas con un sentimentalismo efímero, olvidando las implicaciones políticas del asesinato de quienes fueron asesinados por no ser nacionalistas con el fin de imponer la hegemonía nacionalista mediante el terror. Hoy el PNV y EH Bildu se disputan quién administra esa hegemonía tras condonarse al nacionalismo la deuda contraída por legitimar a ETA. Eximidos los criminales de la premisa básica que debió ser su inhabilitación permanente para la vida política y maquillada su sangrienta trayectoria, lógico resulta su fortalecimiento electoral. El problema no radica solo en la presencia de exterroristas en las listas, sino en la de un partido que justifica sus crímenes, creando y trasmitiendo así una memoria que garantiza la impunidad del terrorismo nacionalista.

Algunas víctimas han dejado de resistir en una "sociedad indecente", en los términos de Avishai Margalit, en la que las instituciones les niegan el honor debido.[73] Más bien se las humilla con la injusta normalización de los culpables de la violencia repitiendo la falacia de que Bildu no es lo que reivindica. Varios ejemplos lo ilustran. En 2023, en el aniversario del asesinato a manos de ETA de Manuel Zamarreño, otro "homenaje". Entre los presentes, la alcaldesa de EH Bildu en Rentería aprovechando la oportunidad para "mostrar nuestro apoyo y aliviar el dolor" con "memoria y reparación para una convivencia verdadera y justa".[74] ¿Recordar, reparar y homenajear a un representante del pueblo asesinado por ETA sin condenar su asesinato? ¿Acaso no deshonra a la víctima la presencia de quienes reivindican su asesinato como necesario?

Unos años antes, en ese mismo pueblo, el alcalde de EH Bildu fue ampliamente elogiado por lo que erróneamente se interpretó como un "homenaje" a las víctimas del terrorismo etarra. Borja Sémper, entonces presidente del PP de Guipúzcoa, felicitó al alcalde por el acto, valorándolo como "una buena foto y el camino por el que tenemos que ir".[75] La literalidad de las palabras del alcalde desmentía los elogios recibidos por las propias víctimas. El acto constituía un claro ejemplo de manipulación de la realidad. En uno de los reportajes sobre el alcalde, calificado éste por el propio medio como "el protagonista de la semana", se apreciaba una reveladora mácula: "El alcalde, lamenta un dirigente socialista, no pidió perdón por el respaldo 'explícito y fundamental' que su partido brindó a los terroristas en la misma Rentería. 'Recuerda cuando Otegi dijo: 'Si he añadido dolor a las víctimas, pido disculpas'... ¡Si precisamente a eso se dedicaban!', añade un popular".[76]

En 2017 la viuda de Fernando Buesa besaba a las parlamentarias de EH Bildu al concluir el "homenaje" a su marido y un micrófono captó su confidencia: "Me gustaría que hicieseis otros gestos, además de este. No lo podemos hacer nosotros por vosotros. No es conmigo con quien lo tenéis que hacer, es con la sociedad vasca. Esto a mí no me es suficiente".[77] La indolencia de tantos vascos que siguen tapándose los ojos le da la razón

---

73   Avishai Margalit (1996), *The decent Society*. Cambridge/Londres, Harvard University Press.

74   "Homenaje a José Manuel Zamarreño, asesinado por ETA hace 25 años", *Deia*, 25/06/23.

75   "Sémper aplaude el gesto de Mendoza", *Deia*, 01/07/2017; "El gesto de Rentería", *El País*, 01/07/2017.

76   Leyre Iglesias, "El alcalde 'abertzale' hijo de cura que pide perdón a las víctimas de ETA", *El Mundo, Crónica*, 02/07/2017.

77   *El Correo*, 22/02/2017, http://www.elcorreo.com/videos/politica/201702/22/bildu-homenaje-buesa-vitoria-5332758046001-mm.html

a uno de los herederos de ETA cuando afirmó: "Hay quien dice que nuestros pasos son insuficientes, pero a base de muchos insuficientes alcanzamos la suficiencia".[78]

Las víctimas ya no son el influyente grupo de presión que llegaron a ser tras el "espíritu de Ermua". Las asociaciones mayoritarias han comprometido su independencia al someterse algunos de sus representantes a directrices partidistas. Se ausentan con razón del tributo anual en el Congreso por la presencia de Bildu. Sin embargo, aceptan las interesadas subvenciones de los Gobiernos de quienes pactan con los lobistas de ETA, condicionando su papel e incluso blanqueando en ocasiones a quienes aceptan la impunidad del terrorismo nacionalista. A menudo los intereses personales prevalecen sobre los generales de las víctimas en su conjunto, de ahí su incapacidad para movilizar y ejercer como la referencia que fueron en una sociedad que ha variado sus prioridades.

Ana Iríbar, viuda de Gregorio Ordóñez, extraña la ambición histórica, la valentía democrática que España y los españoles mostraron en otro tiempo, cuando los asesinatos de su marido y Miguel Ángel Blanco provocaron una ejemplar militancia cívica.[79] El homenaje a estos y a todas las víctimas de ETA queda vacío de contenido si se ciñe al mero recuerdo de la crueldad cometida eludiendo la debida exigencia de responsabilidades no solo penales, sino además políticas y morales. Lo advirtió el profesor Aurelio Arteta: "Como se instale la creencia de que lo malvado estriba nada más que en derramar sangre, sólo unos pocos serían culpables". Y es que, "a la maldad de los medios" hay que añadir "la perversión de las premisas que los fundan y de las metas a cuyo logro se orientan".[80]

Luis Heredero, cuyo padre fue asesinado por ETA en 1992, cuestiona también el pensamiento dominante que se limita a apelar al recuerdo de las víctimas, a su memoria, dignidad y justicia, mientras se esquivan las acciones imprescindibles para garantizar tan loables reivindicaciones.[81] Por eso denuncia el fracaso de los valores que inspiraron la Ley de Víctimas del Terrorismo. Señala que el Estado se comprometió a una derrota sin contrapartidas del terrorismo incompatible con la participación en las instituciones de quienes apoyan o justifican el terrorismo, a evitar equidistancias morales y políticas. Argumenta Heredero que hoy se evita la más mínima reprobación política o moral en torno a las ideas del nacionalismo separatista que sirvieron para atacar la democracia, aceptándose como demócratas a quienes legitiman el terrorismo. Honrar a los asesinados por ETA exige estar a su altura, no solo conmovedores discursos. Como nos enseña Todorov, la invocación a la memoria no es suficiente cuando se abusa de esta para desentenderse de las consecuencias de la violencia en el presente, procurando así los beneficios de la buena conciencia.[82]

---

78 Declaración de Iñaki Antigüedad, diputado de Amaiur, en el discurso de investidura de Mariano Rajoy como presidente del Gobierno, Europa Press, 20/12/2011.

79 Discurso de Ana Iríbar pronunciado en Vitoria, 03/12/2021.

80 Aurelio Arteta, "¿Un terrorismo no político?", *El Correo*, 08/01/2008.

81 Luis Heredero, "¿Qué fue de los valores que inspiraron la Ley de Víctimas del Terrorismo diez años después de su aprobación?", *Revista de la Fundación Víctimas del Terrorismo*, número 77, diciembre 2021, pp. 26-27.

82 Tzvetan Todorov (2008), *Los abusos de la memoria*, Barcelona, Paidós.

Conclusiones

Como subraya la prestigiosa pensadora Onora O'Neill, "la confianza es valiosa cuando se deposita en quienes son merecedores de ella, pero dañina cuando se concede a quienes no son confiables".[83] Los trabajos sobre confianza y política de esta profesora de la universidad de Cambridge son referencia. En ellos desafía la generalizada asunción sobre la obligación de intentar restaurar siempre la confianza dañada. Primero es preciso juzgar si la persona merece dicha confianza. La formación de ese juicio exige valorar la evidencia objetiva sobre la competencia, honestidad y fiabilidad de quien reclama confianza. En ausencia de competencia, honestidad y fiabilidad, lo inteligente no es otorgar confianza, sino negarla. O'Neill lo ejemplifica con la estafa de Madoff: miles de inversores arruinados por una confianza indebida. Como recuerda O'Neill, el engaño es el enemigo de la confianza, de ahí que defina como "estúpido" y "costoso" confiar o intentar restablecer la confianza en quien ha convertido la mentira en una constante política.

Bildu encarna no solo la mentira, sino el desprecio a los valores democráticos y constitucionales. Sin embargo, una parte significativa de la sociedad vasca le concede hoy su confianza gracias la legitimación política y social que otros actores democráticos les han regalado a pesar de su falta de voluntad para condenar el terrorismo nacionalista. Esta realidad es, sin duda, enormemente costosa para una sociedad como la española tras sufrir el desafío de la violencia nacionalista.

"Las naciones -al igual que los individuos que han sobrevivido a traumas profundos- necesitan el valor de enfrentarse a su pasado". Con estas palabras introduce la historiadora Elizabeth Jameson el libro "Cartas de los ausentes" en el que Helen Waldstein Wilkes reconstruye la historia de su familia durante el nazismo.[84] Hoy son muchos los ciudadanos y responsables políticos que evidencian una considerable falta de valor para enfrentarse a ese pasado marcado por el terrorismo nacionalista de ETA. El cese de la campaña terrorista ha ido seguido de una generalizada instrumentalización de la memoria desde amplios sectores políticos y sociales para evitar precisamente enfrentarse al pasado.

Son frecuentes las apelaciones al recuerdo, a la necesidad de no olvidar. Sin embargo, el recuerdo selectivo se ha convertido en una forma de olvido al reproducirse una memoria amputada del terrorismo nacionalista. De ese modo se intentan neutralizar y borrar las responsabilidades por un final del terrorismo sustentando en una enorme impunidad tanto en el ámbito político, como en el social, el judicial y el moral. Con ese fin se intenta imponer una versión oficial del pasado que impone una incuestionable derrota de ETA sin los debidos matices, ignorando los argumentos que la cuestionan. Entre ellos, el fortalecimiento de Bildu como consecuencia de la implícita legitimación de la violencia nacionalista por parte de los actores democráticos.

---

83   Onora O'Neill (2018), "Linking trust to trustworthiness", *International Journal of Philosophical Studies*, vol. 26, número 2, pp. 293-300.

84   Helen Waldstein Wilkes (2018), *Cartas de los ausentes*. Almería: Editorial Confluencias, p. 23.

La memoria fidedigna requiere desnudar la falsedad que ensalza la victoria de la democracia sobre ETA aduciendo que se forzó a Bildu a rechazar la violencia para ser legalizado. Este relato tramposo es simplista y por ello eficaz para apaciguar conciencias y esquivar una realidad incómoda. Pero refuerza la injusta homologación democrática de Bildu. Hoy, como afirma Fernando Savater, "algunos vocean la derrota de ETA militar, que es cierta, tratando de disimular que ETA política sigue vivita y coleando, beneficiándose de un trato de favor de las instituciones democráticas y aprovechando las conquistas ensangrentadas obtenidas en el espacio cívico, el lenguaje político y la propaganda. No, no era el único final posible ni el mejor imaginable".[85]

Efectivamente, una organización terrorista que no ha alcanzado sus objetivos estratégicos sí ha obtenido en cambio otros logros que desde un punto de vista táctico son significativos. Y lo ha hecho en gran medida no como resultado de sus capacidades, sino como consecuencia de la falta de voluntad para evitarlo por parte de quienes han dirigido la política antiterrorista desde 2004 y la política de lo que podría denominarse como "post terrorismo". La élite política española se ha conformado con que ETA deje de matar físicamente, aceptando un final del terrorismo que Aurelio Arteta temió al triunfar "la simplona y cómoda creencia de que sin atentados ya todo es admisible. Es decir, que lo único malo de todo este horror, han sido los medios terroristas, pero no los fines nacionalistas".[86]

Ángel Altuna, hijo de Basilio, asesinado por ETA, advirtió años atrás:

> *"Sigue siendo fundamental que moralmente y por lo tanto políticamente no puedan triunfar los terroristas. No se debe posibilitar nunca ningún proyecto que haya precisado para su consecución la ejecución de asesinatos. No se debe posibilitar ningún proyecto político de los terroristas ya que el mismo queda invalidado desde el mismo momento en que se empezó a asesinar. Este debe ser el fundamento de la batalla moral, porque lo contrario sería admitir que el asesinato mereció la pena o fue un paso necesario para poder finalmente conseguir lo buscado".[87]*

El éxito de la democracia al integrar a EH Bildu que algunos reivindican oculta la injusta exculpación de los cómplices del terror que aún legitiman el asesinato de cientos de españoles. Ahí está la raíz de su progresivo fortalecimiento político. Hoy se hace política como si ETA no hubiera existido gracias a la tolerancia y la impotencia de quienes deberían defender la democracia activamente. Por ello, honrar a las víctimas exige mucho más que autocomplacencia e indignación por espasmos cada vez que se manifiesta alguna de las humillaciones de Bildu. Al mismo tiempo se reclama con incoherencia la deslegitimación de la violencia mientras se elude afrontar tanto las causas de que el terrorismo aún necesite ser deslegitimado, como sus consecuencias. Todo ello mientras se persiste en la legitimación de la ideología que ha hecho posible el terrorismo y de quienes lo justificaron y justifican.

Por todo ello, frente a quienes de forma simplista identifican el cese de ETA con su derrota, el apoyo político y social a Bildu, devuelve otra realidad. El profesor Aurelio Arteta advirtió: "en un combate político y no

85   Fernando Savater, "Derrota", *El País*, 02/06/2018.

86   Entrevista a Aurelio Arteta en ABCD, *Suplemento Cultural de Abc*, 03/03/2007.

87   Ángel Altuna, "Víctimas del terrorismo y legitimidad moral", manuscrito del autor, noviembre de 2007.

militar, la primera batalla que ganar es la de las ideas políticas".[88] La legalización, legitimación y homologación democrática de Bildu, todas ellas fraudulentas y antidemocráticas, evidencian la renuncia de muchos políticos y ciudadanos a librar la decisiva batalla de las ideas políticas contra el terrorismo nacionalista. Como consecuencia de ello, hoy el nacionalismo ejerce su hegemonía en el País Vasco sin condenar ni abandonar la "ideología de deslegitimación" con la que ETA asesinó y coaccionó.

---

[88]   Aurelio Arteta, "Patología vasca", p. 387, en VV. AA. (1997), *Ermua. Cuatro días de Julio*. Madrid: El País Aguilar, pp. 381-402.

La lucha por el relato y la verdad. Contra el blanqueo de ETA

Fernando Lázaro,
periodista de *El Mundo*

El objetivo fundamental de las próximas líneas pretende evidenciar una ruptura con la relectura -la que trata de imponerse desde las esferas del mundo político- de la historia del terrorismo de ETA en España y en la que los medios de comunicación están desempeñando un papel enormemente importante. Aun así, siempre quedan ejemplos de cómo la perseverancia y los principios permiten mantener un discurso claro y un recuerdo eterno a los que nos dejaron antes de tiempo por el afán sanguinario de unos pocos a los que ahora se trata de blanquear.

Lo que estamos viviendo no es más que una consecuencia clara de la indefinición que durante muchos años los medios de comunicación han tenido con el terrorismo. Queda un largo y laborioso camino para derrotar la manipulación y la mentira y avanzar hacia la verdad definitiva de lo que es ETA y sus terroristas, y lo que son y han sido siempre sus satélites políticos. Ya no solo se trata de blanquear el terrorismo y su entorno político. Se trata también de empequeñecer todas aquellas voces que provengan del mundo de los medios, de las autoridades académicas o del ámbito intelectual que no comulgan con el "pensamiento único" y con las directrices que los *pseudointelectuales* del gobierno actual y sus satélites políticos tratan de imponer como verdad única y de la que nadie se debe alejar porque te conviertes en un hereje. Los críticos con el "buenismo" y la versión oficial se han vuelto a convertir en seres incómodos a los que hay que poner sordina o, si se puede, dejarles mudos.

Primero fue la batalla del silencio; luego, la del lenguaje. Ahora toca dar la batalla del relato, que es la batalla por la verdad, por la única verdad. No hay visiones. No hay interpretaciones. No hay malos reconvertidos. Eso no es verdad.

En cuanto a los demócratas, es una lástima reconocer que siempre hemos ido siguiendo el camino de miguitas que ha ido dejando el mundo radical y sus satélites. Siempre por detrás. Nunca hemos tenido la osadía ni ha aparecido ningún intrépido en el mundo mediático que marcara el ritmo por delante, una liebre para los constitucionalistas (bueno, algunos aparecieron y dieron pasos que han sido claves, pero también flojearon de remos después). Siempre hemos ido a remolque en las grandes batallas contra el terror, porque sectores importantes del constitucionalismo han sido de poner velas a Dios y al diablo. Y cuando esos sectores han sido los encargados de marcar el ritmo, se han buscado atajos y salidas diferentes, lo que al final ha supuesto dar alas a los terroristas y permitir avances históricos a las reivindicaciones nacionalistas, siempre pensando que así los asesinos dejarían de matar.

El silencio mediático

Cuando hablamos de los medios de comunicación en general, no nos referimos a todos. Hay, afortunadamente, algunos que siempre han levantado la voz y han escrito, radiado o televisado con rotundidad lo que era y es ETA, y que nunca han participado en labores de blanqueo de la historia terrorista en España. La gran mayoría de ocasiones ha sido la posición personal de cada periodista la que ha consolidado fortines ideológicos pequeños, con escasa impregnación, pero sólidos, firmes y permanentes.

La primera gran batalla que se perdió inicialmente por la responsabilidad de los medios fue el silenciamiento de los atentados y, por extensión, a las víctimas. En aquellos primeros años del terrorismo se negó el recuerdo, se intentó esconder el problema, se trató equivocadamente de no dar cobertura, o dar la mínima, a los asesinatos. La tesis era la siguiente: si no se publica, si no tienen eco, será difícil que los terroristas sigan por ese camino de sangre. Esta teoría triunfó durante muchos años. Los asesinatos se convertían en medias columnas en la prensa nacional. Pero, claro, si no había información de los atentados, tampoco había información sobre las víctimas. Si no se contaba que ETA había matado, ¿cómo se iba a contar quién era el muerto, quién era su viuda, cuántos hijos dejaba y en qué condiciones?

Se perdió porque se escondió. Se metió a las víctimas en un cajón y se las dejó encerradas bajo llave, con una mordaza para que no se las escuchara. Se perdió porque los medios tardaron en rectificar. Se perdió porque, si hay una herramienta clave para el recuerdo de lo que es el terrorismo, son sus víctimas. Y sin sus víctimas se deja un relato en manos de los "recogedores de nueces" que, perfectamente, podían y pueden retorcer la verdad. Porque estos *recogenueces* ya no llevan solo *txapela*. Sí, están los de la boina, esos siempre están, pero también hay mucho joven e insensato -y probablemente poco leído- que sigue recogiendo políticamente estas nueces desde sus nuevas líneas de actuación política y desde el Gobierno.

Con este silencio, ¿qué se consiguió? Absolutamente nada. Solo quedó en evidencia la miseria del Estado y la de todos en aquellos duros años 70 y 80. En ese "todos" están los medios de comunicación, las instituciones, los partidos políticos y, por qué no decirlo, la sociedad civil en general, sobre todo la vasca, pero también la del resto de España. Porque el silencio mediático fue compartido sobre todo por la sociedad vasca, la principal afectada por el terror y, sin embargo, la más silenciosa a la hora de denunciarlo. El famoso "algo habrá hecho", pese a ser sus vecinos los que yacían asesinados en las calles, era la frase más repetida entre ellos. Ni un minuto de silencio, nunca, en campos de fútbol vascos o navarros.

Esa sociedad encogida en unos casos y cómplice en otros tardó lustros en salir a la calle. Solo un grupo de valientes se manifestaba, salía a la calle, se dejaba fotografiar cada vez que los etarras acababan con la vida de alguien. Pero eran la excepción, la simbólica excepción.

Ante el silencio, ETA cambió de estrategia. Comenzó a acumular atentados, subió en intensidad y recurrió al coche-bomba. Los terroristas pusieron muertos y más muertos encima de la mesa, siempre buscando un fin: obligar al Estado a sentarse a negociar. Y cuantos más muertos, más presión para el Ejecutivo de turno. Algunos ansiaban esa estrategia de hablar, dialogar y negociar un final del terrorismo. Qué duda cabe, el partido que acabara con ETA se ponía una medalla política de interesantes dimensiones. De hecho, no hay más que ver recientemente a un ex presidente del Gobierno (José Luis Rodríguez Zapatero) cómo se colgaba la medalla del parón violento de ETA. Y no solo eso, sino que ha colgado la medalla también a su partido.

Por si fuera poco, el actual presidente del Gobierno, socialista, ha utilizado de igual modo los mismos argumentos que Zapatero en mítines de su partido, olvidando que este parón violento -ETA no ha desaparecido y ahora avanza con más precisión y contundencia- se logró por la actuación de las Fuerzas y Cuerpos de la Seguridad del Estado y con el sacrificio de las víctimas, que confiaron en el Estado de derecho y que ninguna optó por tomar venganza contra los asesinos de sus familiares.

En cualquier caso, avanzó la dinámica de la presión y consiguió que el silencio se rompiera en mil pedazos. Sin duda a ello contribuyó que ETA fuera ampliando el abanico de sus objetivos: ya no solo eran ciudadanos uniformados, sino que podía ser cualquiera, incluido el mundo político y judicial.

Cambio de paradigma informativo

La denominada "socialización del terror" provocó un cambio radical en la dinámica informativa y rompió también con el silencio político en el que estábamos inmersos en aquellos años, los que pasaron a llamarse como "años de plomo". Entre otros objetivos, ETA también fijó su atención en los periodistas, a los que consideraba una herramienta más del Estado contra ellos. Esos periodistas que daban la cara con valentía eran amenazados desde las páginas de los periódicos *abertzales*, aparecían en listas intervenidas a los comandos, tenían que mirar debajo del coche todos los días por su había una bomba y muchos de ellos debían ser escoltados para no ser asesinados. Aun así, ETA mandó mensajes claros al sector periodístico con varios asesinatos y, muchos de ellos, decidieron abandonar el País Vasco junto a sus familias.

Pero antes de la irrupción de la presión directa al político, fruto de actuaciones tan importantes como la liderada por Ana María Vidal-Abarca se comenzaron a poner cara, nombre y vida a las víctimas de las matanzas de ETA. De alguna manera, se empezaba a informar y a contar qué había detrás de cada asesinato. En definitiva, hubo que reinventarse periodísticamente hablando.

Los profesionales de la comunicación tomaron por fin conciencia de que las viudas y los huérfanos debían tener un papel destacado en el relato, que no podían convertirse únicamente en simples estadísticas o fríos números. Los medios informativos tenían una deuda histórica con todas ellas, debían ejercer cierta presión a las instituciones para que estas víctimas tuvieran una cobertura del Estado y pudieran tener una serie de ayudas que les permitieran salir adelante. Muchas de estas víctimas eran las mujeres de guardias civiles, militares y policías, mujeres jóvenes, con hijos y que se habían quedado sin su medio de vida, sin el salario de su marido y con unas pensiones de viudedad sencillamente miserables. Por increíble que parezca, no tenían una cobertura para poner en marcha su vida.

Irrumpió Ana María Vidal-Abarca, viuda también por culpa de ETA, que activó un movimiento ciudadano para ayudar a esas familias. En paralelo, hay que recordar el gran papel que en aquel momento tuvo un medio de comunicación, el diario *ABC*, que lideró una cuestación pública para echar una mano a esa incipiente asociación de víctimas del terrorismo. Fue precisamente don Juan, el abuelo del actual rey Felipe VI, el primero en colaborar con las víctimas en una colecta promovida por el diario que entonces dirigía Luis María Anson.

Aquello permitió quitar la careta de la vergüenza a los medios. Fue un antes y un después en la dinámica informativa. Poco a poco caló la necesidad, no solo de cubrir informativamente los atentados, sino también de hablar de los que se quedaban sin familias, contar las vidas mutiladas de los heridos, etc. Eran las vidas rotas por ETA.

Aunque tarde, rectificaron y lograron ganar la batalla del silencio. Porque, con sus testimonios, con sus artículos, con sus cortes de radio y de televisión, se comenzó también a lanzar un mensaje internacional de que en España había una banda organizada de asesinos, dispuestos a teñir de rojo el mapa nacional, que buscaban obtener réditos políticos. No hay que olvidar que, con el silencio, también se dejó en el desconocimiento europeo lo que pasaba en nuestro país. Entre otras cuestiones, por ese mutismo, durante lustros los vecinos franceses no adoptaron la dinámica que debían adoptar para ayudarnos a solucionar un problema enormemente trágico como era el terrorismo etarra. Por eso, durante tantos años, ETA buscó su refugio en Francia, donde nadie les perseguía. Asimismo, ese espacio vacío internacional ETA lo aprovechó para "vender su mercancía" y logró inocular su veneno en representantes de peso de algunos países europeos: *Euskalherria* era un pueblo oprimido por España y, por eso, se defendían, luchaban y ejecutaban al que considerasen su enemigo.

El señalamiento internacional de ETA

Afortunadamente, el silencio se rompió, se conocieron las atrocidades de ETA fuera de nuestras fronteras y España comenzó a ser capaz de trasladar esta siniestra situación a toda Europa. En este sentido, se logró encontrar herramientas para que los países cercanos, sobre todo Francia, dejaran, primero de ayudar a los etarras y, después, ayudaran a perseguirlos.

La colaboración internacional fue clave y esencial para lograr desmantelar las estructuras terroristas de ETA, aunque hubiese que hacer mucha labor diplomática. Por ejemplo, representantes de primer nivel del Ministerio del Interior elaboraron un vídeo con imágenes durísimas de atentados perpetrados por ETA, con una dinámica narrativa clara y contundente. Ese vídeo lo fueron mostrando en todas las embajadas de países europeos en España para tratar de concienciarles de quién era ETA y sus asesinos, y que después pudieran echar una mano para acabar con ella.

El giro de 180 grados de Francia fue radical e imprescindible. Otros países como Bélgica les costó y les sigue costando un poco más, aunque bien es cierto que su colaboración no era tan determinante. Sí lo fue la ayuda americana, países donde ETA buscó históricamente su refugio. Se lograron importantes avances en México, pero no tanto en países como Venezuela o Cuba, donde sus regímenes políticos amparaban y siguen amparando a etarras como Ignacio de Juana Chaos, uno de los más sanguinarios asesinos de ETA. Por último, no hay que olvidar la colaboración tecnológica de Estados Unidos, la cual fue esencial para combatir la violencia de los terroristas.

Además, esos vídeos sirvieron también para dar los primeros pasos a nivel internacional a la hora de definir a ETA como lo que es, una organización terrorista, y quitar esa componenda romántica que aún tenían fuera de nuestras fronteras, donde muchos medios la trataban como un grupo que se había opuesto al régimen del general Franco (lo más habitual era referirse a ETA como "grupo separatista"). Incorporar el término "terrorista" al diccionario de los medios de comunicación europeo costó mucho y, curiosamente, ahora vuelve a costar en esta etapa de blanqueamiento por parte de las instituciones del Estado y medios de comunicación teledirigidos por el gobierno de Pedro Sánchez.

La batalla del lenguaje

Llamar a las cosas por su nombre supuso un enorme esfuerzo dentro y fuera de España porque, precisamente, esa fue la segunda derrota: ETA logró colocar a los medios contra las cuerdas en la batalla del lenguaje.

¡Qué fácil les resultó vender su diccionario! De hecho, todavía hoy se siguen utilizando con frecuencia las referencias terminológicas que fueron lanzando los terroristas en sus comunicados y a través de sus medios afines. Aunque parezca mentira, conviene recordarlo, los etarras tenían medios de comunicación que estaban bajo su directa dirección y que les ayudaban a trasladar sus consignas. Medios de comunicación que señalaban objetivos a los comandos y en los que trabajaban presuntos periodistas. Menos mal que las actuaciones judiciales resultaron esenciales para perseguir a todo el entramado de apoyo a ETA, entre ellos el diario *Egin*. Su cierre en 1998 fue otro triunfo en esa lenta batalla contra el terrorismo, a pesar de que algún medio en aquella época criticara estos decisivos pasos porque lo consideraban un ataque a la libertad de expresión.

Pero volvamos a la batalla del lenguaje. De nuevo los medios clavaron la rodilla en el suelo y fueron "comprando" el idioma de ETA, ese lenguaje que iba imponiendo la izquierda *abertzale*: *taldes*, comandos, zulos, *ekintzas*... y, por último, el mal llamado "proceso de paz", como si alguna vez hubiera habido una guerra. Pero sí, todo muy orientado a la guerra, a los bandos, a los armisticios, a las negociaciones; todo para blanquear una mesa de negociación entre los demócratas y los asesinos, en la que los primeros tenían que ceder en algo, siempre. Y vaya si se cedió.

Bien es cierto que darle un toque de perfume bélico a los relatos relacionados con el terrorismo llevaba rápidamente a los periodistas a adornarse con el lenguaje. Los titulares eran más impactantes y la simple y cruel narración de los hechos no era suficiente para los redactores. Aparecían esos que escribían como los ángeles y le daban el toque de contienda y romanticismo, lo mismo para recrear una operación policial contra las tramas etarras que para describir un atentado con coche-bomba. Poco a poco se fue entrando en esa red, en ese mensaje belicoso que ETA y sus satélites pretendían exportar. Era más novelesco y atractivo de relatar. Y entraron todos en el juego.

Muchas veces se entró, por extensión, en el amarillismo, porque los relatos sangrientos llamaban a los excesos. Por eso siempre la información sobre el terrorismo debe recaer en los mismos profesionales, que los medios tienen que seleccionar a periodistas que se especialicen en la materia para que sean capaces de mantener siempre un tono de respeto hacia las víctimas y no publicar aquellas informaciones que puedan ser útiles para los terroristas y dañinas para el Estado de derecho. Eso sí, sin ocultar nada.

En la actualidad nos encontramos con la denominada por el nacionalismo como "la batalla del relato". ¡No es así! De nuevo se ha caído desde el principio en su trampa. Es la batalla por la verdad con toda su crudeza, no por la interpretación. Ante 856 asesinatos no caben interpretaciones. Más de 350 de ellos aún sin poner nombre y cara a los asesinos, sin que las herramientas del Estado hayan logrado desenmascarar la realidad de lo que pasó.

La capacidad intoxicadora y manipuladora del lenguaje de los nacionalistas es infinita. Y su constancia y perseverancia, también. Están dedicados a ello 24 horas al día. Los demócratas, los constitucionalistas, se han parado y rendido muchas veces, esperando que apareciera un relevo. Y en ese *impasse*, el nacionalismo siempre ha ido tomando ventaja y ocupado el hueco libre. Cuando dejas a un nacionalista un terreno por conquistar y lo conquista, ya no te lo devuelve nunca, jamás lo recuperas.

De hecho, en España, en estos lustros de joven democracia, se han hecho concesiones a los nacionalistas para lograr gobernabilidades que han supuesto importantes pasos atrás en la igualdad de los españoles. Hay un importante sector que opina que los fueros navarros y el cupo vasco son una parte importante de estas desigualdades. Luego el idioma, otra de las razones, además de la económica, por las que los nacionalistas siempre se partirán la cara.

Todo está dentro del mismo saco. ¿Por qué en Cataluña, durante lustros, se ha primado la llegada de inmigrantes de países de habla no hispana? Para que entraran directamente en la cultura catalana, en los cauces de formación impulsados por gobierno autonómicos con afán expansionista del catalán y relativizadores del español, alejados del estado igualitario español. Un "Estado" dentro del Estado.

En el plano del lenguaje y en el terreno internacional la batalla también fue dura. Se cometió el error histórico de los medios -a nivel internacional- de referirse a los terroristas como activistas y no combatir sus términos, y, de hecho, contagiarlos. Siempre el mismo mensaje en medios internacionales a lo largo de la historia: que los etarras eran un grupo separatista vasco, que habían peleado contra Franco, que eran activistas y pretendían liberar a su pueblo. Era muy difícil ver asociada la palabra terrorista a ETA en aquellos años en la prensa internacional. Y esa definición otorgaba un punto de legitimidad mediática de los terroristas, ya que ser separatista no es ilegal ni criminal *per se*. El silencio de los medios españoles y la falta de diligencia de las instituciones para combatir esta dinámica intelectual permitió que se consolidara la infamia.

Como recuerda Cristina Losada en su artículo "Terrorismo y medios de comunicación (I). El oxígeno de la publicidad"[89], en 1985 la *BBC* preparó un programa en el que Gerry Adams -entonces dirigente del IRA- era entrevistado por un presentador que no ocultaba su simpatía por él y que acogía sin reparos su justificación del terrorismo, llamándolo "resistencia a la opresión". Así las cosas, el ministro del Interior del Gobierno Thatcher pidió al Consejo de Dirección de la *BBC* que suprimiera esa parte del programa. Se aceptó la petición y la emisión fue aplazada. ¿Se atisba el paralelismo? Lo mismo que la reciente entrevista a "Josu Ternera" en el Festival Internacional de Cine de San Sebastián pero, en este caso, con la explícita pasividad del Gobierno. Realmente cuesta imaginarse al ministro del Interior, Fernando Grande-Marlaska, pidiéndole al director del festival donostiarra que retirara la entrevista a un asesino que justifica y defiende a ETA y que, incluso, se permite la altanería de reconocer un crimen pendiente de esclarecer porque ya está amnistiado.

Estas reflexiones pueden aplicarse íntegras a diversas piezas publicadas o emitidas en España, pero particularmente a una que difundió la televisión autonómica catalana, administrada por el Gobierno regional, en abril de 2007. Se trataba de un reportaje, coproducido con la televisión autonómica vasca, sobre el grupo terrorista *Terra Lliure*, disuelto en 1995. En él, además de eludirse en todo momento el término terrorista, uno de los entrevistados justificaba un atentado: el que habían perpetrado pistoleros del citado grupo contra

---

89 https://www.clublibertaddigital.com/ilustracion-liberal/33/terrorismo-y-medios-de-comunicacion-i-el-oxigeno-de-la-publicidad-cristina-losada.html

Federico Jiménez Losantos, a la sazón (1981) profesor en Barcelona, por haber firmado un manifiesto contra la política lingüística de la Generalidad. José García Domínguez escribió[90]: "El 'activista' Josep Serra, (...) ante la mirada complaciente del director del programa, realizó el siguiente esfuerzo pedagógico con tal de explicar a los espectadores la acción sobre Federico Jiménez Losantos: 'En un determinado momento las cosas se tienen que parar y, por tanto, hacía falta un cierto nivel de violencia respecto a esa gente, entre otras cosas porque nada más entienden ese lenguaje'".

Qué decir cuando en España ha estado al frente del Gobierno un presidente que llegó a calificar de "accidentes" a las acciones terroristas de ETA, como fue el atentado perpetrado en la T-4 del aeropuerto de Barajas en el que hubo dos víctimas mortales. Por no hablar de ese intento de boicotear una acción policial/ judicial en el bar Faisán, dando un chivatazo a ETA para que no se entorpeciera el diálogo y la negociación de ese presidente con los terroristas, justo el día en que recibía el espaldarazo del PNV a sus negociaciones. Y la presión política para que los medios silenciaran lo más posible este chivatazo, que salió adelante por la gestión eficaz sobre todo de las víctimas del terrorismo, que decidieron ponerse en primer plano y empujar su resolución judicial.

El poder de la imagen

Otra de las polémicas que duró muchos años fue el uso de las imágenes de los atentados terroristas, sobre todo las referidas a los heridos y asesinados. ¿Ocultar las acciones de ETA? ¿Cortar las imágenes? ¿Evitarlas? ¿Sirve o no sirve publicarlas? Lo cierto es que hay imágenes e imágenes. Es imposible que la ciudadanía perciba lo que es y lo que supone el terrorismo si no visualiza el efecto de sus acciones. Estamos ante una sociedad multimedia, es inevitable. Pero hay que tener formación ética, nivel, estilo y sensibilidad para elegir qué imágenes sí y qué imágenes no.

Se originó un importante debate en la prensa no hace tantos años, en 2020, sobre la imagen que publicó el diario *El Mundo* con los ataúdes del Palacio de Hielo (Madrid), con más de un centenar de fallecidos a raíz de la pandemia del COVID-19. En ese momento todo eran palmas y alegría, pese a que contábamos por cientos nuestros muertos. Pero no se veían. Esa imagen permitió contemplar cientos de ataúdes en un espacio de diversión y recreo y que los españoles supieran que la pandemia era cierta.

También se produjo una fuerte polémica, hace casi veinte años, con una imagen de un fallecido en los atentados del 11-M (2004). Fue muy criticada. Quizá en esa ocasión ya era suficiente la publicación de la imagen de los trenes destrozados o las bolsas negras acumuladas junto a las vías de la estación de Atocha de Madrid.

Las imágenes de Irene Villa y su madre supusieron un antes y un después en España (1991). Lo mismo que la imagen de Miguel Ángel Blanco entrando en el hospital de San Sebastián (1997), la imagen de ese guardia

---

90 "De nazis y catalanistas": https://www.libertaddigital.com/opinion/2013-11-27/jose-garcia-dominguez-de-nazis-y-catalanistas-6436196/

civil con una niña herida tras el atentado contra la casa cuartel de la Guardia Civil en Vic (1991) o la imagen de José Antonio Ortega Lara saliendo del zulo tras estar enterrado en vida durante 532 días (1997). Nada hubiera sido igual si esas imágenes no se hubieran difundido. Son las imágenes de la verdad. Esas imágenes deben seguir en la memoria colectiva de todos los españoles y deben conocerse por las generaciones futuras. Eso era y es ETA.

Como estamos viendo, la batalla (de nuevo el contagio del lenguaje bélico que ha impuesto el nacionalismo) se libra en muchos terrenos. En el ámbito político, donde prácticamente se ha perdido el partido después de que el Gobierno actual decidiera apoyar sus Presupuestos Generales del Estado en los herederos de ETA y ahora trate de blindar una nueva investidura con los mismos.

También se libra la batalla en el plano judicial, donde los pasos son cada vez más cortos, el silencio de los tribunales más espeso y la ausencia de la acusación de la Fiscalía más demoledora.

¿Somos capaces de imaginarnos en Alemania la celebración de homenajes públicos al nazismo o a Adolf Hitler? Pues eso es lo que, semana tras semana, se produce en el País Vasco y en Navarra, homenajes a asesinos ante la ausencia y el silencio del Estado y del Gobierno, que debería exigir la intervención de la Fiscalía General del Estado para defender la memoria de las víctimas y evitar estas constantes humillaciones.

Algunos defienden que esta situación es un pago menor para que ETA deje de matar. Hay quien dice desde el Gobierno socialista que los etarras llevan diez años sin cometer atentados y que hay que dejar de hablar de ellos, mientras día tras día se les llena la boca con el franquismo y la Guerra Civil de 1936. Incluso hay quien sigue sosteniendo que hacer una defensa de las víctimas y recordarlas es tratar de sacar rédito político del terrorismo. Sí, esos que defienden que hay que volver a encerrar a las víctimas en un cajón y echar la llave al mar. Esos que dicen que ya se están pagando indemnizaciones y ayudas a las víctimas, como si el dinero pudiera acabar con la angustia vital de aquellos que perdieron a los que más querían.

¡Qué decir del plano penitenciario! Todos los presos de ETA han sido acercados a cárceles vascas y navarras, en el marco, además, de un movimiento político en el que el Gobierno de Pedro Sánchez ha cedido la gestión de las prisiones vascas al Ejecutivo nacionalista del PNV. Asimismo, ya se están dando los pasos para que los internos disfruten en breve de beneficios penitenciarios, aunque algunos casos se estén frenando por fiscales de la Audiencia Nacional. La izquierda *abertzale* quiere a todos los etarras en la calle y, por ese camino (que seguramente lo retorcerá), avanza el actual Gobierno.

Lo sorprendente ha sido cómo todo este proceso se ha llevado con un importante sigilo mediático. No se ha ocultado, es verdad, pero todos los movimientos prácticamente semanales que se dirigían desde el Ministerio del exjuez Grande-Marlaska, apenas ocupaban espacio en los grandes medios. En esta ocasión no se trataba de silenciar para no hacer el juego al terrorismo, como pasaba en los años 70 y 80. Simplemente "no tocaba" y los medios han empezado a pasar página al terrorismo de ETA, al principal problema que ha tenido España durante la democracia. Por si fuera poco, estas noticias tampoco daban muchos *clicks* en los medios digitales, hecho que ha acentuado que las informaciones sobre ETA fueran perdiendo relevancia.

Las exigencias de las víctimas han sido y siguen siendo reclamar la petición de perdón y exigir que colaboren con la Justicia en el esclarecimiento de los casos pendientes. Pero, de nuevo, suena a soledad en el desierto estas reclamaciones. De nuevo se está poniendo sordina a las exigencias de las víctimas. De nuevo su mensaje es incómodo y políticamente incorrecto. El clásico "ahora no toca".

El poco eco mediático sobre ETA se extiende sobre las víctimas: "ya no tienen tirón", "han perdido relevancia informativa", "hay muchas que ya ni se las conoce", "no es un hecho de actualidad", son algunos de los argumentos que se escuchan en las redacciones cuando se pregunta por qué ese silencio mediático. Otra batalla perdida y que será muy difícil de rearmar de nuevo.

Legitimar a los herederos de ETA

Ahora, el escenario político sitúa a los que mandan en el Gobierno la posibilidad de alcanzar acuerdos con los herederos de Herri Batasuna, ese partido ("testaferros de ETA", según el Tribunal Supremo) que llegó a colocar a "Josu Ternera", el que fuera número 1 de ETA, como miembro de la comisión de Derechos Humanos en el parlamento vasco, sentado junto a Arnaldo Otegi. ¡Sí, al mismísimo jefe de ETA! De hecho, el Gobierno se sustenta en su apoyo ante una nueva investidura. Resulta doloroso señalar que el Gobierno de España está en manos de los que dieron un golpe de Estado en Cataluña, de la formación política que arropa a los herederos de ETA y del partido que recogía las nueces en el País Vasco.

Estamos en la época del blanqueo de estos herederos porque las sumas aritméticas políticas y sus votos son importantes. Algunos defienden que no se puede vivir de ETA porque ya no mata desde hace diez años. Aseguran que en el partido que gobierna hay una nueva generación, diferente, y que los viejos barones del socialismo tienen que dar el paso a un lado y callarse cuando se habla de negociar presupuestos con EH Bildu.

En el plano de la cultura, las plataformas audiovisuales y las editoriales están comprobando cómo aún hay demanda de la ciudadanía por conocer qué pasó y qué está pasando. El éxito editorial de *Patria* de Fernando Aramburu es un buen ejemplo, por no hablar de los documentales de Iñaki Arteta, un cineasta heroico en su incesante trabajo por contar la verdad.

Luchar contra el olvido es un deber moral que todos debemos asumir. Cada vez es más frecuente en la sociedad española encontrarnos con personas que no saben quién fue Gregorio Ordóñez o Miguel Ángel Blanco, qué le pasó a Irene Villa o por qué estuvo secuestrado José Antonio Ortega Lara más de 500 días en un agujero. No lo saben porque no se han ocupado y porque, políticamente, se ha entrado en la fase del silencio espeso para que solidifique un proceso de la vergüenza, un proceso en el que el Gobierno de un estado se ha sentado con terroristas y ha alcanzado acuerdos. ETA ya no mata, pero ¿de verdad ha perdido su guerra? Lo cierto es que ahora está más cerca que nunca de sus objetivos políticos y su voz marca parte de la agenda política de España.

No son pocos los pesimistas que sostienen que estamos a escasos días de que los nacionalistas vascos y catalanes den el siguiente paso y alcancen otro de sus objetivos: el derecho de autodeterminación. Es verdad que las leyes españolas y europeas prohíben este supuesto, pero no es menos cierto que este Ejecutivo ha demostrado de lo que es capaz y que, por medios alambicados, puede crear una estructura política que permita una votación no vinculante.

No solo estamos inmersos en la batalla por la verdad, sino en el intento político/mediático de intentar blanquear a la organización terrorista ETA, sobre todo para justificar su acercamiento al poder y su capacidad de influencia en el Gobierno actual. Entonces, ¿cuáles son los principales motivos de que los medios colaboren en el blanqueamiento del terrorismo y, por tanto, en el abandono de la batalla por la verdad?

Como mencionábamos unas líneas atrás, en este país, a un fugado y reclamado por la Justicia como "Josu Ternera" se le entrevista en un documental que se emite en el Festival Internacional de Cine de San Sebastián. Se levanta una enorme polvareda porque las víctimas del terrorismo denuncian su emisión, pero, por otro lado, se reclama libertad de expresión y se dice que no es para blanquear al terrorista. Para más *inri*, el periodista que lo entrevista es incapaz de llamar asesinatos y terrorismo a lo que el jefe de ETA practicó durante décadas. Y todo pasa con una discreción mediática ensordecedora o, incluso, con una justificación declarada.

Dentro de las razones de esta situación mediática está también el nuevo periodismo digital, el que mide en tiempo real la incidencia de las informaciones. Se duda de que la importancia para los jóvenes lectores de las noticias sobre ETA será menor, pero el criterio debe ser el del periodista, no el de las herramientas de medición. Se deben mantener principios y dar relevancia social a las noticias sobre el terrorismo y sus víctimas.

También incide la llegada a las redacciones de generaciones de nuevos periodistas que no han vivido aquellas actuaciones de ETA y que, en el mejor de los casos, las han leído después o se las han contado en casa. Evidentemente, los veteranos en las redacciones pierden peso, pero el intento de rebajar todas las informaciones y de blanquear el terrorismo y sus adláteres es claramente político. La sordina mediática está claramente condicionada por el poder proveniente de La Moncloa y sus socios. Las consignas de los dirigentes que rigen en España son defendidas por un porcentaje muy importante de medios de comunicación y de periodistas. Hay imágenes muy recientes, en los últimos tres o cuatro años, de periodistas sonriendo y siendo afables con los socios *abertzales* del Gobierno que provocan el recelo claro con los medios de comunicación.

La actitud de los periodistas está cada vez más ideologizada. Hablamos de una profesión donde lo progresista y lo moderno se impone al bien y a la verdad. Denominar a ETA como una banda terrorista es algo políticamente incorrecto. Los que levantan aún la voz, pese al peso de las piedras del blanqueo, son catalogados como ultras y cavernícolas, que vivían mejor cuando había atentados terroristas. En este caso, la nueva visión del periodismo está muy alejada de lo que ha pasado y se compra el mensaje de la izquierda *abertzale* y del nacionalismo de que hubo dos bandos, de que había víctimas en los dos y de que todo era una reclamación política justa y democrática.

Por fortuna, queda un importante sector de profesionales de la información que, a título particular, seguirán dando la batalla para que lo que se escriba sea la verdad, que no había bandos, que no pueden escribir la historia quienes aplaudían los crímenes, quienes recogían las nueces y quienes avalaban con sus silencios las actuaciones de los terroristas. Su compromiso con España y la libertad hará que sigan escribiendo y recordando que esos a los que algunos de los que mandan ahora aplauden, eran lo que eran y son lo que son.

No cabe duda de que la verdad seguirá siendo incómoda, más ahora que estamos en la fase de blanqueamiento de los herederos de ETA, para aquellos que están más a gusto con los que heredan a los etarras que con los que enterraban a su gente. La verdad seguirá siendo incómoda para un sector del clero vasco que aún mantiene su indecente equidistancia. La verdad seguirá siendo incómoda para todos aquellos que, pudiendo hacer más para que la violencia terminara cuanto antes, prefirieron esconderse en un cobarde silencio. La verdad seguirá siendo incómoda para todos aquellos que lamentan profundamente los suicidios de etarras en las cárceles. Pero la verdad será sólo una y la escribirán, si antes algunos no les cierran la boca a través de su "Ministerio de la Verdad", los que estén siempre cerca de las víctimas del terrorismo.